SEPTENTRIO.
Balticum mare
Wineta
Suenus flu.
Vsedom
Zwine
Vsedom.
Der Strom.
Frishaft
Camin
Neu treptow
Tan klam
Stolpe
Olden werp.
Stepnitz
Pomeria
Boke
Plate
Waldenborg
Belgar
Gofnaw
Newgard
or.
Strammel.
Plotze
Superi
Sar zich
Valcknborg
Ina flu.
Star gard.
Klempe nou.
Treptow.
Stetin
Dam
Pasin
Rega flu.
Vker flu.
Nyemark
Bernic stein
Draburg
Grippn hagen
Piritz
Vkermarck
Randow flu.
Gartz
Konigsberg
MARCA NO
Anger mund
Stolpe
Aderberg
Lansberg
Warte flu.
Nustat
Oder flu.
Freienwold.
Scala Miliari
Costr in
5
10

ERWIN ROSENTHAL

USEDOM · WOLLIN

ZWEI SCHWESTERINSELN IN DER POMMERSCHEN BUCHT

Die Begegnungsplattform zwischen Deutschland und Polen an der mit etwa 12 Kilometern „längsten Flaniermeile Europas“.

ERWIN ROSENTHAL

USEDOM • WOLLIN

ZWEI SCHWESTERINSELN IN DER POMMERSCHEN BUCHT

DEMMLER VERLAG

Bibliographische Informationen
der Deutschen Nationalbibliothek:
Die Deutsche Nationalbibliothek verzeichnet
diese Publikation in der Deutschen National-
bibliographie. Detaillierte bibliographische Daten
sind im Internet abrufbar unter:
http://dnb.ddb.de

Demmler Verlag GmbH
Erwin Rosenthal
Usedom * Wollin
Texte und Fotos: Erwin Rosenthal

Vorsatz:
Ausschnitt aus Pommernkarte, A. Ortelius, 1573
In: H. Sattler, G. Heß, Pommern in alten Karten
aus fünf Jahrhunderten
Nachsatz: Historische Ansichtskarte, etwa 1910
Privatbesitz des Autors

Für die umfangreiche Hilfe bei der
Bildgestaltung dankt der Autor Herrn Reinhold
Rosenthal.

ERWIN ROSENTHAL
USEDOM * WOLLIN
1. AUFLAGE 2013
ISBN 978-3-944102-02-3

An der Bäderstraße 7 c
18311 Ribnitz-Damgarten
Telefon: 03821/ 70 63 97
Telefax: 03821/ 70 88 76
info@demmlerverlag.de
www.demmlerverlag.de

Grafische Gestaltung, Satz und Layout:
Andreas Dietzel, Dipl. Designer,
Agentur für Kommunikations- und Objektdesign
„nord design“, Ribnitz-Damgarten,
www.norddesign.com

Druck:
DZA Druckerei zu Altenburg GmbH, Altenburg

Titelfoto:
Die Mühlenbake in Swinemünde
Rücktitelfoto:
Sonnenuntergang in Misdroy
Foto rechts:
Das Gold des Meeres – der Bernstein

INHALT

FERIENPARADIES USEDOM · WOLLIN

Die sonnenreiche, mit einmaligen Naturschönheiten ausgestattete Doppelinsel Usedom-Wollin, zählt – nimmt man die Übernachtungszahlen als Maß – zu den beliebtesten Urlaubszielen an der Ostseeküste.

Traditionsreiche Ostseebäder mit ihrem heiteren, fast mediterranen Treiben, reihen sich an ihrer Nordküste an einander wie die Perlen auf der Halskette einer schönen Frau. Die „Kaiserlichen Bäder“ der Inseln, Swinemünde, Heringsdorf, Misdroy, Ahlbeck und Bansin waren schon im 19. Jahrhundert weithin bekannt. Später wurden sie „Volksbäder“ und hiernach „Bäder der Werktätigen“ genannt. Nach 1990 gab es einen wahren Run auf die zum Verkauf stehenden historischen Villen der Seebäderarchitektur. Einige der Häuser wechselten mehrfach den Besitzer. In die meisten dieser Prachtbauten sind heute – wie schon vor dem Zweiten Weltkrieg – Hotels der gehobenen Klasse eingezogen. Die Inseln sind mittlerweile wieder zu einem Ferienparadies mit maritimem Flair geworden.

Nicht ohne Grund wird die pommersche Küste mit ihren malerischen Steilküsten und den hinter flachen Dünen liegenden, endlosen weißen Sandstränden die „Pommersche Riviera“ genannt. Heringsdorf wurde mitunter auch als das „Cannes“ oder „Nizza der Ostsee“ bezeichnet.

Ein Bummel auf der Strandpromenade, ein Sonnenbad, ein Bad in der See, die Suche nach Muscheln und Bernsteinen oder ein abendlicher Strandspaziergang im Schein der Leuchtfeuer von Swinemünde, Neuendorf und der Insel Oie lassen den Stress des Alltags schnell vergessen.

Usedom, nach Rügen die zweitgrößte deutsche Insel, hat eine Fläche von 445 Quadratkilometern. Hiervon zählen 373 km² zu Deutschland und 72 km² zu Polen. Auf der Insel leben ca. 70.000 Einwohner. Der höchste Berg der Insel ist mit 69 Metern der Golm.

Wollin, die größte polnische Insel, ist 25 Kilometer lang und 20 Kilometer breit. Mit einer Fläche von 265 Quadratkilometern und 30.000 Einwohnern ist sie deutlich kleiner als Usedom. Der höchste Berg der Insel ist mit 116 Metern der nördlich von Misdroy gelegene Greveberg (Grzywacz). Begrenzt wird die im Mündungsdelta der Oder liegende Doppelinsel im Osten durch die Dievenow (Dziwna) und im Westen durch den Peene-Strom. Die Swine, der mittlere Mündungsarm der Oder, trennt die Inseln, kann aber in relativ kurzer Zeit ohne Formalitäten und gebührenfrei überquert werden. Während beide Inseln im Süden das Stettiner Haff umspült, „trecken“ an ihrer Nordküste die Ostseewellen an den Strand. Die pommersche Heimatdichterin Hertha Müller-Grählert hatte mit ihrem erstmals im Jahre 1907 veröffentlichten Heimatlied nicht nur den Pommern aus der Seele gesprochen.

☛ *Blick auf den gut besuchten Oststrand von Misdroy. Bei Westwind entsteht hier jene herrliche Brandung, die das Baden in der Ostsee so angenehm macht. Im Hintergrund beginnt mit dem Kaffeeberg und dem Weißen Berg die Steilküste.*

WOPR
NIVEA

Heute besingen die Pommern mit diesem Lied die Ostseewellen, die Friesen die Nordseewellen und die Ostpreußen die Wellen ihres Haffs. Im Original lautet die erste Strophe:

„Wo de Ostseewellen trecken an den'n Strand,
wo de gele Günster bleuht in'n Dünensand,
wo de Möwen schriegen, grell in't
Stormgebrus.
–
Da is mine Heimat, da bin ick tau Hus."

Es sind aber nicht nur die weißen Strände, die Gäste aus Nah und Fern anziehen. Im Hinterland der Inseln führen schattenspendende Alleen zu idyllischen Seen, herrlichen Buchenwäldern, weitläufigen Mooren, verschlafenen Dörfern sowie alten Schlössern und Herrenhäusern des pommerschen Landadels.

Im Jahre 1999 erklärte die Landesregierung die Insel Usedom zum Naturpark. Der bereits 1960 auf der Nachbarinsel gegründete Nationalpark Wollin hat eine Fläche von mehr als 100 Quadratkilometern. Historisch Interessierte kommen in Wollin, Usedom, Peenemünde, Swinemünde oder den bereits auf dem Festland liegenden früheren pommerschen herzoglichen Residenzen Cammin und Wolgast auf ihre Kosten. Man kann hier den Spuren von Herzögen, Kaisern und Königen folgen, aber auch denen von Johannes Bugenhagen, Theodor Fontane, Philipp Otto Runge, Carl Ludwig Schleich, Lyonel Feininger, Maxim Gorki, Wernher v. Braun, Hans Werner Richter, Otto Niemeyer-Holstein, Carola Stern und anderen Schriftstellern und Künstlern. In diesem Urlaubsparadies beider Inseln kommen auch Kultur, Kunst und Unterhaltung nicht zu kurz. Im Camminer Dom gibt es jährlich das Internationale Festival der Orgel- und Kammermusik, in Misdroy die Filmfestspiele, in Zinnowitz die Vineta-Festspiele und auf Usedom den internationalen Modewettbewerb „Usedom Baltic Fashion" sowie das Usedomer Musikfestival. In zahlreichen Orten erwarten Museen, Ateliers und Galerien ihre Gäste. Allein die um das Historisch-Technische Museum angesiedelte Peenemünder Museumslandschaft zieht jährlich etwa 700.000 Menschen in ihren Bann. In Heringsdorf gibt es eine Spielbank der neuesten Generation.

Verkehrstechnisch sind beide Inseln gut erschlossen. Der Flughafen Heringsdorf wird direkt und nonstop aus fünf deutschen Großstädten sowie aus Zürich, Bern, Wien und Warschau angeflogen. Straßenbrücken verbinden die Insel Wollin bei Dievenow und bei der Stadt Wollin und die Insel Usedom bei Zecherin und Wolgast mit dem Festland. Eisenbahnbrücken gibt es in Wolgast und Wollin. Über die Swine führt keine Brücke. Fähren transportieren Fußgänger, Radfahrer, PKW und „Brummis" unentgeltlich über den mittleren Mündungsarm der Oder. Die Grenzübergänge Ahlbeck / Swinemünde (PL) und Garz / Swinemünde sind seit 2007 auch für den PKW-Verkehr geöffnet. Nach dem Beitritt Polens zum Schengener Abkommen 2007 und der feierlichen Eröffnung des neuen Streckenabschnittes der Usedomer Bäderbahn Ahlbeck Grenze-Świnoujście Centrum 2008 und mit der im Jahre 2011 angelegten etwa 12 Kilometer langen Europapromenade zwischen den deutschen Kaiserbädern und dem polnischen Swinemünde wurde die deutsch-polnische Region für Inselbewohner und Gäste noch attraktiver.

☛ *„ . . . wo de Möwen schriegen, grell in't Stormgebrus . . ."*
Am Strand von Zinnowitz.

SIEDLUNGSGESCHICHTE DER INSELN

Die früheste menschliche Besiedlung der beiden Inseln lässt sich für die mittlere Steinzeit nachweisen.

Das Großsteingrab bei Lütow auf dem Gnitz ist ein Zeugnis der Jungsteinzeit. Im Swinemünder Heimatmuseum befand sich früher eine sehr umfangreiche Sammlung von Steinwerkzeugen aus dieser Zeit. Leider ist sie nach dem Zweiten Weltkrieg verloren gegangen. Einen Höhepunkt in der frühgeschichtlichen Besiedlung stellt für beide Inseln die Bronzezeit dar, in der Usedom und Wollin von Germanen bewohnt waren. Noch im Jahre 2004 konnte bei der Stadt Wollin ein etwa 2000 Jahre altes germanisches Grab freigelegt werden. Historiker sprechen gar von einer eigenständigen Kultur der Usedom-Wolliner Gruppe. Funde in Codram, Misdroy, Warnow, Balm, Morgenitz, Usedom, Welzin und Bansin stützen diese Auffassung. Im Zuge der Völkerwanderung zogen die Germanen im 5. bis 6. Jahrhundert n. Chr. gen Süden ab. Jahrhunderte später wanderten von Osten her slawische Stämme ein. Die Insel Wollin wurde von den Pomoranen (den am Meer Wohnenden) besiedelt. Die Ansiedlungen Wollin und Cammin bildeten bedeutsame politische Zentren der Pomoranen. Noch heute zeugen Ortsnamen sowie die Reste von Burgwällen, die dem Schutz der Bewohner vor räuberischen Feinden dienten, von der slawischen Besiedlung. Die Bewohner der Insel Usedom gehörten wahrscheinlich zum Stammesverband der Lutizen bzw. der Wilzen. Eine Verbindung zwischen den Bewohnern der beiden Inseln ist für diese Zeit nicht nachweisbar. Seit dem Ende des 1. Jahrhunderts n. Chr. weckte das Land der Pommerschen Slawen mit seinen prall gefüllten Schatzkammern wachsende Begehrlichkeiten sowohl bei den Deutschen als auch bei den Polen und den Dänen. Eine Zäsur bildete der Sieg des Polenherzogs Boleslav III. (genannt „Schiefmund") über den Pommernherzog Wartislav I. im Jahre 1122. Der Pommernherzog wurde zur Tributzahlung und zur Annahme des Christentums gezwungen. Als daraufhin die „Versammlung der Edlen" des Landes im Jahre 1128 in der Stadt Usedom beschloss, das Christentum anzunehmen, galt das für Wollin und Usedom. Von nun an verlief die Geschichte beider Inseln im Rahmen der pommerschen Geschichte. In der Folgezeit wurde die Burg Usedom zu einer Lieblingsresidenz der Pommernherzöge. Um die Macht der Kirche zu festigen, wurde im Jahre 1140 in Wollin ein Bistum für Pommern gegründet, das man um 1175 wegen der ständigen Überfälle der Dänen nach Cammin verlegte. Eine päpstliche Bulle unterstellte im Jahre 1188 das Bistum dem Heiligen Stuhl in Rom. Es gehörte weder zum deutschen Erzbistum Magdeburg, noch zum polnischen Erzbistum Gnesen, womit der Herrschaftsanspruch Polens vom Tisch war.

Bedroht wurde das Herzogtum Pommern nun eher aus dem Westen (Heinrich der Löwe von Sachsen) und aus dem Norden (Waldemar II. von Dänemark). 1184 musste Pommern kurzzeitig die Oberherrschaft des Dänenkönigs anerkennen. Schließlich übergab Kaiser Friedrich das Herzogtum Pommern zum Lehen an den Markgrafen von Brandenburg, von dem es

Ihre erste urkundliche Erwähnung fand die an der Coperow, nördlich von Zünz gelegene Wolliner Ansiedlung Lauen (Lewno) im Jahre 1186. Sie bestand ursprünglich lediglich aus zwei Bauernhöfen. Die Geschichte der deutschen Hofbesitzer Wergin und Hoeft, die im Jahre 1947 mit der Vertreibung endete, lässt sich über 400 Jahre zurückverfolgen. Die Familie Wergin, später Sarnow, besaß ihren Hof seit dem Michaelistag 1565. Am 1. Mai des Jahres verkaufte Graf Ludwig von Eberstein, Probst zu Cammin, seinem „lieben getreuen Joachim Vergin" für 388 pommersche Gulden den Schulzenhof zu Lauen. Kriege, Krankheiten, Erbstreitigkeiten, in die gar Friedrich II. eingreifen musste, eine Feuersbrunst und Tierseuchen waren zu überstehen.
Das Foto aus dem Jahre 1900 zeigt den Bauernhof Hoeft, zu dem 300 Morgen Land gehörten. Carsten Hoeft hatte den Hof 1676 übernommen, nachdem der Vorbesitzer Helm und seine Familie von der Pest dahingerafft worden waren. 1904 vernichtete ein Feuer beide Gehöfte. Sie wurden wieder aufgebaut. Heute wird der ehemalige Hoeftsche Hof von zwei polnischen Familien bewirtschaftet.

wiederum die Herzöge des Greifengeschlechts als Lehen nahmen. Die Einführung des Christentums hatte für Pommern weitreichende Konsequenzen. Die Klöster erhielten von den Stiftern umfangreiche Ländereien, die zu Musterwirtschaften ausgebaut wurden. Zudem wurden sie berechtigt, zur Urbarmachung der Ländereien deutsche und dänische Einwanderer anzuwerben. Aber nicht nur die Klöster, auch der Adel rief Ansiedler ins Land, um die eigenen Einkünfte zu erhöhen. Zur Gründung eines Dorfes warb ein Lokator deutsche Siedler an, vor Ort teilte er ihnen ihre Hufen zu und leitete den Aufbau des Dorfes. Als Entschädigung erhielt er zwei- bis dreimal so viel Land für sich und seine Erben, das Schultheißenamt und den Vorsitz im dörflichen Gericht. Es kamen aber nicht nur bäuerliche Einwanderer, sondern auch deutsche Kaufleute und Handwerker. Sie ließen sich bei den slawischen Großsiedlungen nieder oder gründeten Siedlungen „aus wilder Wurzel", denen schließlich das deutsche Stadtrecht nach dem Vorbild Lübecks oder Magdeburgs verliehen wurde. Die slawische Bevölkerung verschmolz allmählich mit den Einwanderern und gab schließlich auch ihre Sprache und Kultur auf. Der Christianisierung Pommerns folgte seine Germanisierung. Immer wieder machten jedoch Kriegswirren das mühsam Errungene zunichte. 1627 besetzte der kaiserliche General Wallenstein von der Katholischen Liga die Insel. Als dann drei Jahre später der Schwedenkönig Gustav Adolf bei Peenemünde anlandete, räumten die Landsknechte Wallensteins die geschundene Insel widerstandslos, brandschatzten und mordeten jedoch noch auf dem Rückzug. Auch die Schweden lebten vom Requirieren und nahmen, wo sie etwas fanden.
Im Resultat des Krieges war die Doppelinsel völlig verarmt. Nach dem Westfälischen Frieden von 1648 zählte Usedom-Wollin zu Schwedisch-Vorpommern. In der Folgezeit führte der Große Kurfürst, Friedrich Wilhelm von Brandenburg, mehrere siegreiche Kriege gegen die Schweden. Entsprechend dem Erbfolgevertrag hätte nach dem Tode Bogislaw XIV. ganz Pommern an Brandenburg fallen müssen. Ludwig XIV. wusste das jedoch zu verhindern. Schließlich wurden im Jahre 1713 König Friedrich Wilhelm I. von Preußen durch einen Vergleich mit dem russischen Fürsten Menzikoff und mit Polen die Inseln Wollin und Usedom eingeräumt. Im Stockholmer Frieden von 1721 fielen Stettin und die beiden Inseln an Preußen.
Unter Friedrich II. gab es erstmals eine nachhaltige ökonomische Entwicklung der Inseln. Die Wälder wurden planmäßig genutzt, Schulen gebaut, neue Büdnerstellen geschaffen, Dünen befestigt, Moore melioriert und der Hafenbau in Swinemünde forciert. Der Raubzug Napoleons warf die Inseln wiederum um Jahrzehnte zurück. Allein die Stadt Wollin musste 600 französische Soldaten beherbergen und verpflegen. Dem Sieg über Napoleon im Jahre 1813 folgte eine Zeit relativen Wohlstands, in der sich die Einwohnerzahl nahezu verdoppelte.

Die schwersten Zeiten brachten den Inselbewohnern die Weltkriege. Der Zweite Weltkrieg beendete die deutsche Geschichte Swinemündes sowie die der gesamten Insel Wollin. Seit 1945 sind die Inseln Wollin sowie Swinemünde mit Kaseburg sowie die Stadt Cammin polnisch. Die deutschen Bewohner mussten ihre Heimat verlassen. Damit endete die sieben Jahrhunderte währende deutsche Siedlungsgeschichte dieser Gebiete.

Das Schloss in Stolpe auf Usedom.
Der Kern des einstigen Herrenhauses war im 16. Jahrhundert als Bau der Hochrenaissance errichtet und später im Stil des Barocks erweitert worden. Um 1900 erhielt das Haus durch einen Umbau im Historismusstil seinen schlossähnlichen Charakter.

DIE ALTE HERZOGSSTADT CAMMIN UND DIE INSEL GRISTOW

Der Name der Stadt Cammin (Kamień Pomorski, 9.000 Einwohner) ist offensichtlich von jenem Stein (Głaz Królewski) hergeleitet worden, der im Camminer Bodden vor der Insel Gristow (Wyspa Chrząszczewska) liegt.

Der Felsen diente lange Zeit als Orientierungspunkt für die Schifffahrt auf der Dievenow. Um ihn rankt sich eine Vielzahl von Sagen und Geschichten. So heißt es, dass der Teufel mit dem Felsbrocken den Camminer Dom, die älteste christliche Kirche Pommerns, treffen wollte, diesen jedoch verfehlt hatte. Nach anderen Quellen soll der Stein einst ein prächtiges Schloss gewesen sein, in welchem ein gieriger Räuber wohnte, der den Mädchen nachstellte. Als er wiederum ein Mädchen belästigte, verwandelte dieses das Schloss in einen großen Stein, in den sie den Räuber einschloss. Doch damit nicht genug der Legenden und Sagen! Den Kindern aus der Umgebung erzählte man, dass der Storch vom Großen Stein her die Kinder bringe.

Die Attraktion der Insel Gristow ist der vor der Nordküste der Insel, in der Nähe von Bünnewitz liegende, so genannte Große Stein („dei grote Stein in'n Water"). Der etwa drei Meter aus dem Wasser ragende, aus Skandinavien stammende eiszeitliche Findling hat – obwohl bereits durch Sprengungen verkleinert – eine Höhe von 3,5 und einen Umfang von 20 Metern. Er wurde bereits im Jahre 1426 erwähnt und diente lange Zeit der Schifffahrt auf der Dievenow als Orientierung. Der Name der Stadt Cammin soll von diesem Stein hergeleitet worden sein.

Und noch im 19. Jahrhundert glaubten viele Wolliner und Camminer, dass im Stein ein giftiger Frosch eingeschlossen sei. Bei einer eventuellen Sprengung des Findlings würde der den ganzen Camminer Bodden vergiften. Wie dem auch sei, es lohnt sich, die etwa 10 Meter hohe Steilküste im Norden der Insel Gristow herabzusteigen, um den berühmten Stein aus der Nähe zu sehen.

Die Insel Gristow und Cammin sind durch eine Brücke verbunden. Das Sol- und Moorbad Cammin liegt unmittelbar am Camminer Bodden, einer Ausbuchtung des Dievenow-Stromes. Die größte Sehenswürdigkeit der Stadt ist der Dom, die älteste christliche Kirche Pommerns. Nach einem alten pommerschen geflügelten Wort waren die drei bedeutendsten Kirchen in Pommern die Stargarder „Hohe", die Kolberger „Weite" und die Camminer „Schöne". Der Camminer Dom, der außerhalb der früheren Stadtmauern stand, soll zudem über die schönste Orgel Pommerns verfügen. Liebhaber wissen den ausgezeichneten Klang des Instruments zu schätzen.

Sehenswert sind in der mit sehr viel Grün aufwartenden Stadt auch der neben dem Dom errichtete Bischofspalast, der heute als katholisches Kulturzentrum genutzt wird und das für die niedere Geistlichkeit bestimmte Dekanat (auch Kleisthaus genannt).

☝ *Cammin von oben gesehen. Im Vordergrund sind die Marina und der Schiffsanlieger abgebildet. Oberhalb des Schiffsanliegers befindet sich der Markt mit dem Rathaus. Ganz links, über dem kleinen Wald, sind die Marienkirche und der Dom zu sehen.*

☛ *Eine Brücke (links im Bild) verbindet die Stadt Cammin mit der Insel Gristow. Das etwa neun Quadratkilometer große Eiland mit den drei Ortschaften Gristow (Chrząszczewo), Neu Gristow (Chrząszczewko) und Bünnewitz (Buniewice) wird im Norden von den Wellen des Camminer Boddens und im Süden von der Maade, einer Ausbuchtung des Dievenow-Stroms, umspült.*

OTTONALIA

Vom nördlichen Seitenschiff des Doms führt eine schmale Treppe zum einzigen erhaltenen Kreuzgang Pommerns. Er wurde wahrscheinlich Ende des 13. Jahrhunderts erbaut, 1881 wiederhergestellt und bildet eine Attraktion des Doms. Mit seinem romantischen Garten und zahlreichen Grabsteinen diente er früher Pilger- und Bußzwecken. Im Garten wurden exotische Pflanzen und Heilpflanzen gezüchtet. Heute befinden sich dort u.a. eine 500 Jahre alte Eiche, ein 350 Jahre alter Lebensbaum und eine 200 Jahre alte Stechpalme.

Das imposanteste Bauwerk Cammins ist der Dom St. Mariae et Johannes baptista, die heutige Kathedrale St. Johannes. Der Dom, eine dreischiffige Basilika mit einem kreuzförmigen Grundriss, ist die größte Kirche Pommerns. Baubeginn für das im spätromanischen Stil errichtete und im 15. Jahrhundert im gotischen Stil umgebaute Gotteshaus war 1175. Nach der Reformation in Pommern kam es 1535 zur Pommerschen Evangelischen Kirche, zu der es bis 1945 gehörte. Im Verlauf der Jahrhunderte wurde der Dom mehrmals zerstört. Sein heutiges Äußeres erhielt er im Jahre 1936.

Der aus dem 15. Jahrhundert stammende Hauptaltar in der Form eines Triptychon zeigt Bilder von Maria Himmelfahrt (Mitte), Szenen aus dem Leben Johannes des Täufers (links) und das Martyrium des heiligen Faustinus (rechts). Das Triptychon kam im Jahre 1948 in den Dom zurück. Links vom Hauptportal, im Längsschiff, befinden sich die Gemälde „Der Weg nach Golgatha“ und „Christi Kreuzigung“, die Lucas Cranach dem Älteren zugeschrieben werden. Weitere Kostbarkeiten barg früher die Schatzkammer des Doms. Man spricht von mehr als 1000 Kunstschätzen. Sie gelten seit 1945 als verschollen.

Die berühmte Orgel des Camminer Doms mit ihrer reichhaltigen Symbolik wurde im Auftrage des Herzogs Ernst Bogislaw von Croy vom Stettiner Orgelbaumeister Michel Birgel geschaffen. Das 4000 Taler teure Instrument erklang im Jahre 1672 zum ersten Mal. Nach ihrer Rekonstruktion im Jahre 1962 besitzt die 13 Meter breite und 9 Meter hohe Orgel wieder 47 Register und 3300 Pfeifen. Das jährlich stattfindende Internationale Festival der Orgel- und Kammermusik findet bei Musikfreunden großen Anklang.

Das Bautor, auch Wolliner Tor genannt, gilt als das größte Camminer Tor. In dem Gebäude erwartet heute ein Museum seine Besucher. Zur Stadtbefestigung gehörten im 11. und 12. Jahrhundert acht Tore. Die anderen, heute nicht mehr existierenden Wehrtürme, hießen u. a. „Butterturm", „Fischerturm" („Brückenturm") und „Klosterturm" („Stäveken").

Blick auf die Stadt Cammin (um 1930).
Im Vordergrund sind der Fischereihafen und Teile der Stadtmauer abgebildet, in der Bildmitte die Marienkirche und der Turm des Doms.
Die im Jahre 1755 erbaute St. Marienkirche war eine Tochterkirche des Doms, dessen Geistliche in beiden Kirchen tätig waren. Das Gotteshaus hatte ein sehr wechselhaftes Schicksal, es wurde nach 1945 mehrfach zu profanen Zwecken genutzt und erst vor wenigen Jahren wieder in die Hand der Kirche übergeben.
In der Stadt gibt es eine weitere Kirche, die Nikolaikirche (Bergkirche), der die Einwohner von Gristow, Bünnewitz, Grabow, Grenzow und Soltin zugeordnet waren.

1882 erschloss man in 600 m Tiefe eine Solquelle. Cammin wurde Sol- und Moorbad. Die alten Kurgebäude haben den Zweiten Weltkrieg überdauert, der Kurbetrieb wird heute weitergeführt.

Das Camminer Rathaus, im 14. Jahrhundert im spätgotischen Stil errichtet, wurde in den 1960er Jahren wieder aufgebaut. Der Ostgiebel datiert aus dem 15. Jahrhundert. Unter dem Laubengang der Ostseite wurden früher öffentliche Gerichtsverhandlungen abgehalten.

Das Fachwerkhaus Hoefs aus dem 17. Jahrhundert. Es beherbergt eine gemütliche Gaststätte und gehört zum Hotel „Zu den Musen“.

Am nahen Markt befinden sich das Rathaus aus dem 14. Jahrhundert und das Hoefssche Fachwerkhaus (17. Jahrhundert). Einen Besuch wert sind auch das Wolliner Tor, im Süden der Stadt gelegen, sowie die Nikolaikirche (die frühere Bergkirche) und die Marienkirche.

Die Geschichte Cammins weist Glanz, aber auch Elend auf. Der von 1121 bis 1135 regierende Pommernherzog Wartislaw I. hatte hier seine Residenz. Er empfing in seiner Burg im Jahre 1124 den Missionar Otto von Bamberg. 1176 wurde die Stadt Bischofssitz. Das Bistum, das dem Papst direkt unterstellt war, umfasste den größten Teil Pommerns sowie die Uckermark und die Neumark und reichte im Westen bis nach Güstrow. Im Osten hatte es keine feste Grenze. Seit 1556 verwalteten die pommerschen Herzöge das Bistum, bis es 1648 als ein weltliches reichsunmittelbares Fürstentum an Kurbrandenburg fiel. 1650 verzichtete der letzte Titularbischof von Cammin, Herzog Ernst Bogislaw von Croy, gegen eine Abfindung zugunsten des Kurfürsten Friedrich Wilhelm von Brandenburg auf seine Rechte am Bistum.

Eine Erfindung, die eher in die Physik eingeordnet werden muss, zeugt davon, dass auch Domherren naturwissenschaftlich gebildet waren. Der Dechant des Dom-Kapitels zu Cammin, Ewald Georg von Kleist, Mitglied der Akademie der Wissenschaften zu Berlin, hatte im Jahre 1745 die elektrische Verstärkerflasche (später als Leidener Flasche bezeichnet) und somit – nachweislich als erster – den Kondensator erfunden.

Die „Germanisierung" Cammins hatte bereits im 12. Jahrhundert begonnen. Die Wenden lebten bis zu ihrer vollständigen Assimilierung im 15. Jahrhundert in drei Siedlungen (Wiek genannt) außerhalb der Stadt. Nachdem die Schweden 1630 Cammin besetzt hatten, verwandelten sie die Stadt in eine Festung. 1679 fiel Cammin durch den Frieden von Saint-Germain an Brandenburg. Es folgte eine Blütezeit der Stadt.

Als Cammin Anfang des 18. Jahrhunderts vom so genannten Sundzoll befreit wurde, ließen sich hier Kaufleute aus Lübeck, Rostock und Stralsund nieder. 1882 wurde Cammin Solbad, ab 1892 gab es eine Eisenbahnverbindung nach Stettin.

Im Jahre 1945 wurde das Stadtzentrum von Cammin zu 60 Prozent zerstört.

Auf dem Camminer Friedhof wurde in neuerer Zeit ein Gedenkstein für die ehemaligen deutschen Bewohner aufgestellt. Die Inschrift lautet: „Wir sind alle Gottes Kinder. Unseren hier ruhenden Toten zu Gedenken. Cammin, Pommern." Außerdem gibt es auf dem Friedhof mehrere gepflegte deutsche Gräber aus der Vorkriegszeit.

☛ *Ab 1900 wurde Cammin von Passagierschiffen der Stettin-Wollin-Cammin-Dievenower Dampfschifffahrts-Gesellschaft angelaufen. Heute können im Camminer Hafen größere Schiffe nur schwerlich bzw. gar nicht anlegen, da die Dievenow lediglich eine Wassertiefe von drei Metern hat. „Koggen" hingegen, sind als Abenteuerschiffe sehr beliebt und pendeln im Sommer mehrmals täglich zwischen Dievenow und Cammin.*

RUHE
Minna Voerkelius geb. Krause
geb. 31. Januar 1857.
gest. 19. November 1931.
Brauereibesitzer
Alexander Voerkelius

Victoria I

DIE INSEL WOLLIN

DIE OSTSEEBÄDER • VON OSTERNOTHAFEN ÜBER MISDROY BIS DIEVENOW

Die Ostseeküste der Insel Wollin zieren die Ostseebäder Misdroy, Neuendorf, Heidebrink und West-Dievenow. Anspruch auf diesen Status erheben auch Pritter und Swantus. Und vor Zeiten kam noch das Ostseebad Osternothafen hinzu.

Der beim Bau des Swinemünder Hafens entstandene, selbstständige Ort Osternothafen bestand in der ersten Hälfte des 20. Jahrhunderts aus etwa 70 Häusern. Sein markantes Wahrzeichen war der Swinemünder Leuchtturm. Eine weitere Attraktion des kleinen Ostseebades bildete die etwa 1,4 Kilometer lange Ostmole. Noch heute erinnert eine auf der Mole angebrachte Tafel an die Visite des Preußenkönigs Friedrich Wilhelm III. anlässlich der Einweihung der Molen im Jahre 1820. Der mit getrenntem Familien-, Herren- und Damenbad ausgestattete Strand lockte jährlich Tausende Sommergäste an. Im Jahre 1928 fusionierten Osternothafen und Ostswine zum Seebad Ostswine-Osternothafen. Ab 1939 wurde dieser Ort nach Swinemünde eingemeindet. Heute existiert Osternothafen weder als Wohnsiedlung noch als Ostseebad, denn das gesamte Areal wird als Industrie- und Hafengelände genutzt. Gegenwärtig entstehen hier ein gigantisches Gasterminal und (neben der Ostmole) ein Hafen für Supertanker. Osternothafen und Misdroy trennen etwa 12 Kilometer. Wer gut zu Fuß ist, kann die etwas anspruchsvolle Strandwanderung nach Misdroy in drei Stunden bewältigen. Radfahrer hingegen, sollten den östlich von Osternothafen beginnenden, etwas beschwerlichen Radweg R 10 (ein Waldweg) benutzen, der ebenfalls nach Misdroy führt.

Während vor 1000 Jahren die Stadt Wollin der bekannteste Ort der Insel war, ist es heute Misdroy (6500 Einwohner). Die erste urkundliche Erwähnung des Ortes datiert aus dem Jahre 1554. Misdroy war zu dieser Zeit im Besitz der Dompropstei Cammin. Ostseebad wurde der Ort im Jahre 1835. Swinemünde und Heringsdorf waren zu dieser Zeit schon gut besuchte Bäder. Aus eben diesen Bädern kamen um 1830 die ersten Gäste nach Misdroy. Neugierig geworden waren sie vor allem durch die im Osten Misdroys unmittelbar über dem Strand steil aufragenden weißen Höhen mit ihren „blauen Wäldern". Eben dieses Kliff hatte Lyonel Feininger im Jahre 1929 zu seinem Aquarell „Dampfer nach Misdroy" inspiriert. Aber auch der Strand und ausgedehnte Buchenwälder sowie ein kleiner idyllischer Waldsee, der Jordansee, wirkten wie ein Magnet. Jahre später, als aus dem kleinen Fischer- und Bauerndorf Misdroy bereits ein gepflegtes Ostseebad geworden war, weideten auf den nahen Wiesen noch immer die Kühe und Pferde der Bauern. Offensichtlich war es gerade diese Idylle, die Sommergäste magisch anzog.

☛ *Eine von schwedischen Feldmessern erstellte Karte der Insel Wollin aus dem Jahre 1659.*

IULI
NA
IN
S
U
LA.
Swinische Bodden
Viziger See

Seebad Misdroy. Panorama.

Um 1857 hatte der Berliner Arnold Lejeune, ein geborener Belgier, das so genannte Lejeunsche Schloss errichtet. Preußens Kronprinz Friedrich Wilhelm, der spätere Kaiser Friedrich, verlebte in dem Haus im Jahre 1867 einen mehrwöchigen Urlaub. 1887 erwarb die Gemeinde Misdroy das Gebäude und nutzte es forthin als Kurhaus. Das sieben Morgen große Grundstück wurde zu einem wunderschönen Kurpark umgestaltet. Die Abbildung von 1905 zeigt auch das im Jahre 1903 aufgestellte, vom Bildhauer Georg Felix Pfeifer aus Leipzig geschaffene Kaiser-Friedrich-Denkmal.

Blick auf die westliche Promenade Misdroys. Um 1920 wird sie von den Villen Seeblick und Seestern (links beginnend), Waterkant und Rudnow, dem Haus der Familie Frank, dem Haus Meereswarte, dem Haus Randow und der Villa Sedina (auch Undine) dominiert.

In den 1920er Jahren boten der schattige Kaffeegarten und die auf der Seeseite gelegenen Glashallen des Misdroyer Strandhotels nachmittags und abends den Gästen Künstler-Konzerte. Zum Strandhotel gehörte zu dieser Zeit auch das gegenüber liegende Haus Belvedere (heute „Polonia“).

Seebrücken ziehen die Menschen magisch an. Man flaniert hier, trifft sich mit Freunden, findet neue Bekannte und lässt sich den Wind um die Nase wehen. Hier die Seebrücke von Misdroy.

fenike
USD
EUR
KANTOR
WECHSELSTUBE
EXCHANGE

Die in den Jahren 1994 bis 1996 erbaute, lediglich 120 Meter lange Misdroyer Seebrücke, war zum Anlegen der Schiffe nicht geeignet. Sie wurde daher in 1990er Jahren um 275 Meter verlängert. Eine deutsche Reederei hat mehrere Millionen Euro in den Neubau investiert und im Gegenzug das Recht erhalten, an der Brücke anzulegen. Vom Frühjahr bis zum Herbst pendeln Adler-Schiffe zwischen Zinnowitz, Koserow, den Kaiserbädern, Swinemünde und Misdroy. Die Fahrt von Heringsdorf nach Misdroy dauert etwa eine Stunde.

SŁODKA POKUSA
GOFRY DESERY
MOLO
GOFEREK

HOTEL AURORA
Już jest. iPhone 4S

Die frühere Lejeunsche Villa dient heute, da sich Misdroy zu einer Stadt der Festivals und des Films entwickelt hat, als Kulturhaus. Der attraktive Saal des Hauses, in dem 300 Gäste Platz finden, ist Veranstaltungsort für Film-, Musik- und Theaterfestivals, Bälle, Konferenzen und Ausstellungen. Das Bild des Parks bestimmen auch heute Eichen, Platanen und Lebensbäume, gepflegte Wege und Blumenrabatten sowie zum Verweilen einladende Bänke. Durch den „Chopin-Park“ führt für viele Gäste und Einwohner der Weg zur Promenade und zum Strand.

Die Anlagen vor dem Eingang der Misdroyer Seebrücke wurde im Jahre 2011 neu gestaltet.

Der Platz vor der Misdroyer Seebrücke hat in jüngster Zeit ein völlig neues Gesicht bekommen. Es gibt nun mehr Plätze zum Verweilen. Gegenüber dem Eingang zur Seebrücke hatte Lejeune für seine Gäste die Gebäude Miramare (heute Aurora) und Stella Maris (ganz links im Bild) erbaut. Später wurde das Haus Miramare zu einem attraktiven Hotel umgestaltet. Im Haus Stella Maris hingegen befanden sich Lesesäle für Misdroys Gäste. Hier lagen Zeitungen, Zeitschriften und Journale aus. Als der Platz im Haus später nicht mehr ausreichte, eröffnete man einen Lesesaal im Eingangsbereich der Seebrücke. Im Jahre 2009 erhielt das heutige 4-Sterne-Hotel Aurora einen recht großen Anbau.

Der östliche Teil Misdroys von oben gesehen. Eine aufgelockerte Bebauung mit viel Grün, der ausgedehnte Strand sowie eine attraktive Seebrücke bestimmen das Bild des Wolliner Ostseebades. Vorne links, unmittelbar am Strand, ist das Hotel Amberbaltic abgebildet, zwei Häuser weiter das Gewerkschaftsheim Poseidon, es folgen das ehemalige Kurhaus und das Hotel Miramare, heute Hotel Aurora (von links nach rechts).

Sałaty
Ryby

BUBBLE TEA

Die Gemeinde Misdroy hatte seinerzeit für ihr neues Kurhaus, zu dem auch die Kurhausterrasse gehörte, die stolze Summe von 140.000 Mark gezahlt. Im Erdgeschoss des neu geschaffenen Anbaus befanden sich zwei Säle, der eine wurde als Speisesaal, der andere als Konzert-, Tanz- und Gesellschaftssaal genutzt. Weiterhin gab es u. a. ein Musikzimmer, einen Damensalon sowie ein Lesezimmer. Im ersten Stock befanden sich die Hotelzimmer. Heute betreibt die Gesellschaft „Heureka" im Erdgeschoss des Anbaus ein Wachsfigurenkabinett. Im Jahre 2009 erhielt das Gebäude ein drittes Stockwerk.

Das heutige Hotel Nautilus, die frühere Röchlingsche Villa (Dr. Röchling war in Misdroy Badearzt). Auf einer Ansichtskarte von 1926 fanden wir den folgenden Text: „Seeiglein, Seeiglein, wann wirst Du wieder bei mir sein? Blue ist der Himmel, selten gray, und gern' ich baden, sonnen geh. Das Schönste ist beim Sonn'-Bestrahlen, dass man nicht braucht dafür bezahlen, man legt im höchsten der Gefühle sich lang auf eine harte Diele – schnappt Luft, liegt da in stiller Ruh' und denkt dabei: How do you do? Seeiglein, sweetheart, komme bald, froh ruft die See, es lockt der Wald und ‚Eine' schaut vom Röchlinghaus in glücklicher Erwartung aus."

Besitzer dieses großartigen Hauses, das wieder den Namen Villa Richter trägt, ist das deutsch-polnische Ehepaar Anita und Jacek Matusiak. Das Haus, früher Westendpromenade 13, wurde im Jahre 1908 von einem Stettiner Unternehmer gebaut und bis 1945 von den Geschwistern Klingenberg als Sommerresidenz genutzt. In der zweiten Hälfte des 20. Jahrhunderts empfing es als staatliches polnisches Ferienheim unter dem Namen Rybitwa seine Gäste. Nach der politischen Wende wurde das Gebäude privatisiert und unter Aufsicht der Denkmalschutzbehörde sorgfältig renoviert.

Zu der illustren Gästeschar Misdroys zählten Minister, bekannte Wissenschaftler, hohe Offiziere, Prinzen und Prinzessinnen und wohlhabende Pensionäre aber auch mittlere Beamte. Im Jahr 1867 verlebte der preußische Kronprinz Friedrich Wilhelm, der spätere Kaiser Friedrich, in der Lejeunschen Villa mit seiner Familie einen mehrwöchigen Urlaub. Als im Jahre 1935 die Hundertjahrfeier des Ostseebades anstand, hatte Misdroy einen Spitzenplatz unter den deutschen Ostseebädern inne. Für viele war der Ort gar das vornehmste deutsche Bad.
Im Frühjahr 1945 wurden vorsorglich 1.500 Misdroyer, vor allem Frauen und Kinder, mit der Eisenbahn nach Burgdorf bei Hannover evakuiert. Die meisten der 2000 im Ort verbliebenen Deutschen verließen schließlich notgedrungen und schweren Herzens ihre Heimat. Damit endete die deutsche Geschichte der „Perle der Ostsee".

Heute zählt Misdroy zu den attraktivsten Bädern an der polnischen Ostseeküste. Das im Jahre 1976 eröffnete Wisentgehege, die Verlängerung der Seebrücke (2004), die Renovierung der Villen aus der Kaiserzeit, der Bau eines attraktiven Konzertgartens (2009) sowie die Umgestaltung der Promenade und der Bau vielstöckiger Hotels und Pensionen haben das Bild des Seebades verändert. Über einen Mangel an Besuchern klagt hier niemand. Seit dem Jahre 2006 gibt es vom Frühjahr bis zum Herbst einen regen Schiffsverkehr zwischen Misdroy, Swinemünde und den Kaiserbädern auf der Insel Usedom. Hinsichtlich seiner Umgebung muss das Wolliner Bad den Vergleich mit den in Sichtweite liegenden kaiserlichen Bädern und dem Ostseebad Swinemünde nicht scheuen. Auch bei den Gästezahlen sind die Orte auf Augenhöhe. Die Promenade Misdroys hat allerdings ihre Besonderheiten. Man kann hier nicht nur bummeln, sondern auch im Supermarkt einkaufen, in ungezählten, in Holzhäuschen untergebrachten Lädchen shoppen, Karussell fahren oder bis zum frühen Morgen bei heißen Discorhythmen „abtanzen". An der Promenade befindet sich auch der polnische „Walk of Fame", auf dem sich polnische Schauspieler mit ihrem bronzenen Handabdruck verewigt haben.

Der Kaffeeberg, der Weiße Berg und der Gosanberg sind die markanten Punkte der nördlich des Ortes beginnenden Steilküste. Die früher vom Strand zum Kaffeeberg und zum Gosanberg führenden Treppen sowie die Bootsstege vor dem Kaffeeberg und dem Jordansee sind ebenso verschwunden wie der Wanderweg auf der Steilküste. Heute gelangt man zum Gosanberg über die DW 102 in Richtung Neuendorf (Wisełka), fährt vorbei am Ausgangspunkt zum Wisentgehege und erreicht nach wenigen Kilometern einen gut gekennzeichneten Parkplatz, von dem aus ein relativ kurzer, steiler Anstieg zum 95 Meter hohen, schroff zur See abfallenden Scheitelpunkt der Misdroyer Steilküste beginnt.

☚ Ein Juwel der kaiserlichen Bäderarchitektur ist die Villa Seestern, an der Misdroyer Westendpromenade gelegen. Im Unterschied zum benachbarten Haus Seeblick (später Bałtyk), zu dem das Haus früher gehörte, wurde die heutige „Villa Stella Maris" in neuester Zeit liebevoll und stilecht restauriert. Die Wirtin, Frau Schwarze, nennt ihre Gästezimmer „die größten und schönsten Zimmer in der Region". Zur Kaffeezeit verwöhnt sie ihre Gäste mit selbstgebackenem Kuchen.

Abend am Strand von Misdroy. Man lässt den Tag ausklingen und erwartet den Sonnenuntergang. Strandkörbe sind hier noch recht selten, was aber die Badefreuden keineswegs mindert.

Der zwischen Misdroy und Neuendorf aufragende Gosanberg hat eine Höhe von 95 Metern. Er erlaubt bei klarer Sicht einen Blick auf die Bäder der Insel Usedom, die Greifswalder Oie und die Ostküste Rügens.

Der 15 Meter hohe Leuchtturm Utkiek (Latarnia morska Kikut) östlich von Neuendorf gelegen, hat eine Feuerhöhe von 91,5 Metern über dem Meeresspiegel. Seine Leuchtweite beträgt 16 Seemeilen. Das Signal: Fünf Sekunden Licht, fünf Sekunden Dunkelheit. Die technischen Einrichtungen wurden dem in der zweiten Hälfte des 19. Jahrhunderts errichteten Kiekturm im Jahre 1962 aufgesetzt. Besteigen kann man den Turm nicht.

Der Gipfel erlaubt bei klarer Sicht einen Blick auf die Bäder der Insel Usedom, die Greifswalder Oie und die Ostküste Rügens. Bei der Weiterfahrt nach Neuendorf taucht linkerhand, versteckt zwischen Buchen, Eichen und Erlen, der idyllische Jordansee (Jezioro Gardno) auf.

Auch Theodor Fontane wusste um die Schönheit dieses Sees. In seinem Buch „Wanderungen durch die Mark Brandenburg" beschreibt er den in der Märkischen Schweiz gelegenen kleinen Tornowsee: „Das Wasser ist schwarz, dunkle Baumgruppen schließen es ein, breite Teichrosenblätter bilden einen Uferkranz und die Oberfläche bleibt spiegelglatt, auch wenn der Wind durch die Bäume zieht." Und er fügt hinzu, dass der Jordansee auf der Insel Wollin der vielleicht schönste derartige See im nördlichen Deutschland ist.

Ein weiteres literarisches Denkmal hat der berühmte pommersche Chirurg Carl Ludwig Schleich in seinem Buch „Es läuten die Glocken" diesem stillen und geheimnisvollen Weiher gesetzt. In der Tat ähnelt der 17 Meter über dem Meeresspiegel liegende, 2,7 ha große, abflusslose Jordansee (Kreide- und Tonschichten im Untergrund hindern das Wasser am Absickern) dem durch Fontane beschriebenen märkischen Kleinod.
Um den Jordansee ranken sich Sagen von Elfen, Göttern, Seeräubern und Naturwundern. Schon Thomas Kanzow berichtet in seiner um 1538 erschienenen „Chronik von Pommern" über Gespenster am Jordansee. Auf der kleinen Insel soll sich einst das Heiligtum der Göttin Hertha befunden haben. „Heidnische" Priester mussten der Göttin einmal im Jahr nach deren Umzug und dem sich anschließenden Bade im See ein durch das Los ausgewähltes zwölfjähriges Mädchen als Opfer zuführen.

Der wunderschön gelegene Golfplatz in Kolzow gehört zum Golfklub Amber Baltic. Das 66 Hektar große Areal – es verfügt über eine 18-Lochanlage und eine 8-Loch-Anlage – ist für Anfänger und Profis geeignet. Man kann hier das Golfspielen erlernen und seine Spieltechnik unter Anleitung professioneller Trainer verbessern. Im Klubgebäude sind das Sekretariat des Klubs, die Rezeption, ein Geschäft mit Golfzubehör sowie eine Bar untergebracht.

Der Jordansee auch der „Misdroyer Vierwaldstätter See" genannt, ist ein wahres Kleinod. Seerosen (Mummeln) sprießen aus dem bis zu 6,5 Meter tiefen, dunklen Wasser empor, schlanke Erlen, knorrige Kiefern und weit ausladende Buchen, deren lange Äste das Wasser zu berühren scheinen, spiegeln sich im See, den man auf einem schmalen Pfad umrunden kann. Und da er sieben Buchten hat, ist er von keiner Stelle aus vollständig zu überblicken.

Blick auf Kolzow (ca. 800 Einwohner). Links im Bild der Kolzower See, rechts oben der Golfplatz mit dem Kleinen Krebssee. Zum Strand sind etwa drei Kilometer zurück zu legen.

Einen ruhigen, ja fast einsamen Strand, findet man in Osternothafen. Nach dem Bau des neuen Gasterminals muss man allerdings etwas weiter nach Osten ausweichen. „Landratten" bietet die Hafeneinfahrt von Swinemünde das Schauspiel der ein- bzw. auslaufenden Schiffe.

Die Katharinenkirche in Kolzow. Baubeginn war 1887. Die alte Kirche war schon recht baufällig und ließ sich nicht mehr restaurieren. Zum evangelischen Kirchspiel Kolzow gehörten die Gemeinden Dannenberg, Heidebrink, Kolzow, Lauen, Lüskow, Neuendorf, Reckow, Warnow, Wollmirstädt, Zirzlaff und Zünz.

Das Ostseebad Heidebrink wird wegen seines gut besuchten Strandes in Polen auch die „polnische Côte d'Azur" genannt. Im Winter ist es hier jedoch recht einsam. In den Kureinrichtungen des Ortes werden vor allem Beschwerden der oberen Luftwege behandelt.

Das See- und Solbad Berg-Dievenow – hier aus der Vogelperspektive zu sehen – empfing im Jahre 1827 seine ersten Kurgäste. Namensgeber für diesen Ort sind die bis zu 15 Meter hohen Dünen. Der Badeort fusionierte im Jahre 1925 mit Ost-Dievenow zum Ostseebad Dievenow.

Die alte und die neue Mündung der Dievenow von oben gesehen. Der „Durchstich" hatte den Weg der Schiffe zum offenen Meer um 1,5 Kilometer verkürzt, während die Insel Wollin um die gleiche Strecke verlängert wurde. Die alte Mündung, die später den Namen Toter See (Martwa Dziwna, im Bild oben links) erhielt, wurde zur Dievenow hin durch einen Wall verschlossen, ihren Abschluss zur See besorgten Wind und Wellen. Im Vordergrund: Berg-Dievenow, darüber Ost-Dievenow

Die Mündung der Dievenow von der See aus gesehen. Eine Brücke verbindet die Insel Wollin mit dem Festland. Die kleine Ansiedlung West-Dievenow (südlich des Dievenow-Stroms) ist der älteste Ortsteil der heutigen Stadt Dievenow. Bereits im Jahre 1701 war der Ort auf das rechte Ufer des Stromes und damit auf das Festland expandiert. Die neue Ansiedlung erhielt den Namen Ost-Dievenow, während das frühere Dievenow nun West-Dievenow hieß.

Auf dem nahen Gosanberg soll jedoch ein sehr böser und ungläubiger Mensch gelebt haben. Ihm schickte der Teufel angeblich sieben böse Geister, die das Heiligtum der Göttin zerstörten. Die Göttin rächte sich zwar an den Übeltätern, verließ jedoch den See und wandte sich dem Herthasee auf Rügen zu, wo sie neuerlich ihr Heiligtum errichtete. Später verbarg sich hier angeblich Klaus Störtebeker mit seinen Gesellen. Geschart hatten sich die „Likedeeler" um ihre Anführerin Stina. Als schließlich zwei Gefangenen der Seeräuber die Flucht gelang, konnten die Räuber dingfest gemacht und getötet werden. Stina selbst ertränkte sich im See, in den auch die Schätze versenkt wurden. Sie soll heute noch darauf hoffen, dass sie von einem jungen, am Johannistag geborenen Mädchen erlöst wird. Jener Punkt auf der Steilküste, von dem aus Stina den Seeräubern mit einer roten Flagge signalisiert hatte, dass keine Gefahr drohe, erhielt später den Namen „Stinas Utkiek". Der Name des Sees hat sich im Verlaufe der Zeit mehrfach geändert. Im Jahre 1186 wird in einer Urkunde des Herzogs Bogislaw I. die Bezeichnung „lacum Gardino" verwendet. Später setzte sich der Name Gertasee (auch Gerdasee oder Jörmssee) durch. Die Namen Hertha, Gerda und Jörms stehen ganz offensichtlich für Nerthus, die Mutter Erde. In Tacitus' „Germania" ist Nerthus die Fruchtbarkeitsgöttin. Die Bezeichnung Jordansee hingegen wurde erstmals auf der Karte der schwedischen Landesaufnahme von Vorpommern aus dem Jahre 1692 verwendet. Das Territorium um den See war aber nicht nur Idylle, sondern auch Wirtschaftsstandort. Im Jahre 1820 wurde hier eine Heringspackerei zum Einsalzen der Heringe geschaffen, später gab es hier gar eine Zementfabrik. Nach der Einstellung der Zementproduktion diente die Villa des früheren Fabrikbesitzers als Forsthaus. Dieses Forsthaus gibt es noch heute. Es wurde nach dem Krieg Teil eines exklusiven, eingezäunten Ferien- und Schulungsobjektes für die polnische Politprominenz. Nach der politischen Wende war hier jedermann willkommen. Heute beherbergt das Arial eine Weiterbildungseinrichtung. Der See ist wiederum für die Öffentlichkeit unzugänglich. Etwa zehn Kilometer nordöstlich von Misdroy liegt am Rande des Nationalparks Wollin das kleine Ostseebad Neuendorf (Wisełka). Im Norden und Osten ist das Bad durch bewaldete Höhen und durch Dünen geschützt und somit auch für den Winterurlaub bestens geeignet. Den recht ruhigen Ostseestrand erreicht man nach einem Waldspaziergang von 20 Minuten. Wer einen einsamen Strand liebt, ausgedehnte Waldspaziergänge schätzt, gerne angelt oder Pilze sucht, der sollte hier Urlaub machen. Unmittelbar am Ort lädt der 20 Hektar große Neuendorfer See (Jezioro Wisełka) zu einer Kahnfahrt ein. Einen Besuch wert ist auch der Leuchtturm Utkiek (Latarnia morska „Kikut") auf dem nahen Kiekberg (Straznia). Etwas weiter östlich, auf dem Golfplatz Kolzow (Kołczewo), frönen die Golfer ihrer Passion. In Swantus (Świętouść) endet die Wolliner Steilküste in einer Weißdüne. Vom einstigen Dorf zeugen nur noch einige Häuser am Coporow-See. Das bekannte und in der Sommersaison sehr gut besuchte Ostseebad Heidebrink (Międzywodzie) liegt auf einer etwa zwei Kilometer breiten Nehrung zwischen dem Camminer Bodden und der Ostsee.

Von dem kleinen, am Camminer Bodden gelegenen Hafen Heidebrinks reicht der Blick hinüber nach Cammin. West-Dievenow ist der nördlichste Ort der Insel. Hier mündet die Dievenow in die Ostsee.

Die Klappbrücke über die Dievenow hat eine Länge von 220 Metern.
Wenn sie zur vollen Stunde für den Schiffsverkehr geöffnet wird, staut sich der Verkehr auf der Straße.

Wilhelm von Raumer, der Chronist der Insel Wollin, berichtet, dass der Pommernherzog und Bischof in Cammin, Johann Friedrich (1542-1600), bei Dievenow bereits im Jahre 1588 einen neuen Hafen anlegen wollte. Er ließ hierzu einen etwa vier Meter breiten, zwei Meter tiefen und mehrere hundert Meter langen Kanal zwischen der Dievenow und der Ostsee graben, den er als erster mit einem Boot befuhr. Der Kanal versandete jedoch schnell wieder, da man versäumt hatte, die alte Mündung zu verschließen. Nach dem Passieren der Dievenow-Brücke erreicht man zunächst das frühere Ost-Dievenow. Der Ort liegt auf einer wenige hundert Meter breiten, sechs Kilometer langen, sturmflutgefährdeten Landzunge, die sich von Osten her der Insel Wollin entgegenstreckt. Noch weiter östlich befinden sich die Ortsteile Berg-Dievenow und Klein-Dievenow. Da auch Heidebrink (Międzywodzie) und Lüchenthin (Łukęcin) zur Stadt- und Landgemeinde Dziwnów gehören, entstand durch die Fusion der Orte eines der größten polnischen Ostseebäder (etwa 4000 Einwohner). Einem Vergleich mit Misdroy oder den Usedomer Kaiserbädern hält das Bad allerdings noch nicht stand.

☛ *Die hohen Dünen an diesem Strandzugang in Dievenow erinnern an die Nordsee. Ebenso wie die Buhnen schützen sie die schmale Nehrung vor Sturmfluten.*

ENTLANG DER DIEVENOW · VON ZÜNZ BIS ZUR STADT WOLLIN

Die Dievenow, ein beliebtes Segelrevier, ist ca. 35 km lang und durchschnittlich vier Meter tief. Ihre Breite schwankt zwischen 200 Metern und einigen Kilometern. Seine größte Breite erreicht der östliche Mündungsarm der Oder mit dem Camminer Bodden (Zalew Kamieński). Wegen der geringen Wassertiefe haben die Städte Dievenow, Cammin und Wollin als Hafen keine Bedeutung.

Die Preußenkönige hatten im 18. Jahrhundert die Swine als Wasserstraße von Stettin zur Ostsee ausgewählt und die Dievenow vernachlässigt. Westlich von Heidebrink beginnt eine parallel zum Dievenowstrom verlaufende, bis Wollin führende Landstraße.

Fern vom Trubel der Ostseebäder öffnet sich links und rechts der Straße ein wahres Naturidyll. Zudem befindet man sich stets in Wassernähe. Die Dörfer Lauen und Zünz liegen zwischen dem Coperow-See und dem Camminer Bodden, die anderen Orte tangiert die träge dahin strömende Dievenow. Sehenswert sind sie allemal, die kleinen Bauern- bzw. Fischerdörfer Lauen (Lewno), Zünz (Zastań), Körtenthin (Korzęcin), Jarmbow (Jarzębowo) und Darsewitz (Darzowice) sowie die früheren Gutsdörfer Leussin (Łojszyno), Lüskow (Łuskowo) und Alt-Tonnin (Unin). Die Gewässer sind offensichtlich fischreich, denn bei Leussin sitzen hunderte Kormorane auf weiß verfärbten, abgestorbenen Bäumen. Bei Lüskow teilt sich der Strom in zwei Arme, zwischen denen die Insel Gristow liegt. Während das Eiland im Westen von der Dievenow begrenzt wird, trennt es die „Maade" vom Festland. Eine kleine Insel in der Maade – der Burgwall – lockt zu einer Bootsfahrt.

Etwas weiter südlich leuchten vom gegenüberliegenden Ufer des Stroms die roten Dächer von Kucklow und Zebbin herüber. In Alt-Tonnin wartet hinter einem hohen, verschlossenen Tor das alte Gutshaus auf seine Restaurierung. Auf dem Gutshof gähnen uns leere Ställe an. Den weiteren Weg säumen kleine Hügel, Äcker und von Gräben durchzogene Wiesen und Weiden, auf denen Störche ihre Nahrung suchen. Mit Theodor Storm möchte man sagen: „Kein Klang der aufgeregten Zeit drang noch in diese Einsamkeit".

Der letzte Ort vor Wollin ist das kleine Dörfchen Darsewitz. Schließlich kündigt der Turm der Nikolaikirche jene Stadt an, die der Insel ihren Namen gab. Vor der Stadt erhebt sich linkerhand der Silberberg (Srebrna Góra). Es heißt, den auf diesem Berg vergrabenen Schatz könne nur heben, wer in der Mitternachtsstunde stillschweigend ein schwarzes Huhn, einen schwarzen Bock und eine schwarze Katze opfert.

Pferde ziehen einen Heuwagen (bei Jarmbow) – ein Bild, das auch hierzulande schon Seltenheitswert besitzt.

Weizenernte bei Zünz

Darsewitz ist der letzte Ort vor der Stadt Wollin. Hier kreuzt ein in die Dievenow mündender Bach die Straße. Über ihn wird seit 1907 das „Große Moor", ein mehr als 1000 Hektar großes Niederungsmoor, das zehn Zentimeter unter dem normalen Wasserstand liegt, durch ein elektrisches Pumpwerk entwässert.

Die an der Dievenow liegenden Dörfer überraschen vor allem durch ihre Ursprünglichkeit. Wie hier in Zirzlaff wird das Ortsbild immer noch durch die Gehöfte aus deutschen Zeiten geprägt. Allein die Satellitenanlagen und die Statue der Jungfrau Maria sind der neuen Zeit geschuldet.

In Lüskow bringen Mitglieder des Chores Julin einem ihrer Sänger ein Geburtstagsständchen. Man lädt uns zum Mitfeiern ein und der kleine Chor bereitet uns mit dem auf Deutsch gesungenen Lied vom treuen König in Thule eine Freude.

Bei der Stadt Wollin teilt sich die Dievenow in drei Arme, die zwei Inseln einschließen. Auf der größeren Insel befindet sich ein Museumsdorf.
Über den Strom führen drei Brücken. Bereits im Jahre 1124 hatte es an dieser Stelle eine hölzerne Brücke gegeben.

In der Nähe der Nikolaikirche erinnert eine hölzerne Tafel an den wohl bekanntesten Sohn der Stadt Wollin, den pommerschen Reformator und Beichtvater Luthers, Johannes Bugenhagen (1485-1558), auch Doktor Pomeranus genannt. Durch seine Heirat mit Walpurga brach er vor Luther das Zölibatsgebot der katholischen Kirche.

Auf der Ansichtskarte aus dem Jahre 1907 sind der Wolliner Marktplatz mit der Nikolaikirche und die St. Georgskirche (im Hintergrund) abgebildet. St. Georg wurde auf jenem Platz erbaut, auf dem sich vor der Christianisierung der slawische Tempel mit der Statue des dreiköpfigen Triglav, die Festhalle für religiöse Feiern und der Wohnsitz der Priester befanden.

Hinter dem Rathaus befinden sich Überreste der Wolliner Stadtmauer. Im 17. und 18. Jahrhundert war die Hansestadt Wollin von fünf Bastionen umgeben. Im 19. Jahrhundert wurden die Stadtmauern zum größten Teil abgerissen und die Gräben zugeschüttet.

Mit 8.000 Einwohnern war Wollin (Julin) im 9. und 10. Jahrhundert einer der wichtigsten Handelsplätze an der Ostsee. Hacksilberfunde sowie Funde von Münzen aus Bagdad und Samarkand lassen auf Handelsbeziehungen schließen, die bis nach Skandinavien, Byzanz, China, Syrien, Ägypten und zum Indischen Ozean reichten. Adam von Bremen nannte die Stadt Wollin in seiner Bischofsgeschichte der Hamburgischen Kirche „wirklich die größte von allen Städten, die Europa birgt".

Angaben über die sagenhafte Stadt an der Odermündung, die auch Jumne, Julin oder Jumneta genannt wurde, findet man auch bei Saxo Grammaticus und in der isländischen Sagenwelt. In Helmold von Bosaus Slawen-Chronik wurde aus Jumneta – offensichtlich durch einen Buchstabendreher – Uimneta. Hieraus ist schließlich Vineta geworden, was zu vielfältigen Spekulationen über den Standort dieser Stadt führte. In der Tat hatten die Wikinger – angelockt vom Reichtum der Stadt – wiederholt Kriegszüge gegen die Insel unternommen und hier Handelsniederlassungen gegründet, zu deren Schutz sie Burgen errichteten. Die bekannteste unter ihnen war die Jomsburg. Spätere Ausgrabungen führten zu dem Ergebnis, dass die Ansiedlung entlang der Dievenow eine Ausdehnung von vier Kilometern hatte, was für das frühe Mittelalter höchst ungewöhnlich war. Der Stettiner Museumsdirektor Otto Kunkel und der Student Karl August Wilde hatten in den 1930er Jahren eine archäologische Bestätigung für die These geliefert, dass Wollin auf den Trümmern jener Stadt aufgebaut worden war, die den Hintergrund für die Vinetasage bildete. Beide waren gewissermaßen die „Vineta-Entdecker".

Ab 1955 hatte Władysław Filipowiak die Ausgrabungen fortgesetzt und die Ergebnisse von Kunkel und Wilde bestätigt. Die Archäologen fanden in Stabbauweise errichtete Gebäude, wie sie nur in Skandinavien üblich waren. Der Sage nach geriet die prachtvolle Stadt auf dem Gipfel ihres Glanzes durch den Reichtum und das abgöttische Wesen ihrer Bewohner ins Verderben. Jede Volksgruppe wollte den Vorzug haben, worüber heftige Kämpfe entstanden. Schließlich riefen die einen die Schweden und die anderen die Dänen zu Hilfe. Diese raubten die mächtige Stadt Vineta aus und zerstörten sie bis auf die Grundmauern. Nachweislich wurde die Stadt allein zwischen 900 und 1200 15mal zerstört und wieder aufgebaut!

Die frühere Bedeutung der im Zentrum Pommerns gelegenen Stadt wird auch dadurch belegt, dass die Kirche hier mit der Missionierung der Pommern begann. Die Wolliner sträubten sich jedoch mit aller Kraft gegen die Christianisierung, denn der Glaube der Ostseeslawen – hier insbesondere mit dem Gott Triglav verbunden – war bei ihnen tief verwurzelt. Als im Jahre 1122 der spanische Mönch Bernhard mit einem Dolmetscher in die Stadt gekommen war, um die Bewohner von der „Abgötterei" zu bekehren, wäre er fast erschlagen worden, hatte er es doch gewagt, das Beil an die Julinsäule zu legen. Die Einwohner erklärten ihn für verrückt und setzten ihn in einen Kahn, den sie aufs Haff hinaus schoben. Zwei Jahre später schickte der Polenherzog seinen ehemaligen Lehrer, den Bischof Otto von Bamberg, in der gleichen Mission nach Wollin. Unverrichteter Dinge und unter Lebensgefahr musste Otto die Stadt verlassen. In Stettin war er erfolgreicher.

☛ Zur Erinnerung an die vorchristliche Zeit wurde auf dem Wolliner Galgenberg eine Statue des dreiköpfigen, alles sehenden Hauptgottes der Ostseeslawen, Triglav, aufgestellt.

Auf der gegenüberliegenden Seite des Dievenow-Stromes ist eine touristische Attraktion der Stadt Wollin, das Museumsdorf, entstanden. Über dem Tor zum Dorf befindet sich die Inschrift Jomsburg-Vineta-Wollin.

Die Wolliner Nikolaikirche, ein spätgotischer, im Verlauf der Zeit stark veränderter Backsteinbau, war bereits im 13. Jahrhundert erbaut worden, während der barocke Westturm aus dem Jahre 1705 stammt. Das Gebäude wurde im Jahre 1945 erheblich beschädigt und in den 1990er Jahren auch mit deutscher Hilfe wieder aufgebaut.

Blick in die dreischiffige Wolliner Nikolaikirche – das Wahrzeichen der Stadt Wollin.

Die Präsenz der polnischen Soldaten veranlasste die Stettiner, ihren Widerstand gegen die Christianisierung aufzugeben. Otto kehrte schließlich nach Wollin zurück und taufte dort in den folgenden beiden Monaten 20.000 Menschen. Nach der Abreise des Bischofs fielen die Wolliner jedoch schnell wieder vom neuen Glauben ab und Otto musste noch einmal anreisen, um sein Werk zu vollenden. 1140 wurde die Kirche des heiligen Adalbert in Wollin zum Sitz eines neuen Bistums bestimmt. Als im Jahre 1176 Bischof Konrad I. von Salzwedel wegen der wiederholten dänischen Überfälle seine Residenz nach Cammin verlegte, büßte Wollin an Bedeutung ein. Im Jahre 1800 verlor man gar die Amtsverwaltung an Codram. Von nun an existierte die uralte Residenz der Pommernherzöge nur noch als kleine Landstadt. Im heutigen Wollin (Wolin, ca. 5000 Einwohner) dominiert die Nikolaikirche, ein spätgotischer Ziegelbau mit drei Kirchenschiffen, das geruhsame Stadtzentrum. Sie wurde 1945 fast vollständig zerstört und erst im Jahre 2000 wieder aufgebaut. Ebenso wie die Christuskirche, das frühere Zentrum der Immanuelsgemeinde, ist die Nikolaikirche heute katholisch. Die St. Georgskirche und das Gotteshaus der Altlutheraner, die Martinskirche, wurden abgetragen, die frühere Synagoge in der ehemaligen Wallstraße dient als Wohnhaus. Nahe der Nikolaikirche erinnert eine Tafel an Johannes Bugenhagen (1485-1558). Er verfasste die evangelischen Kirchenordnungen für Pommern, Braunschweig, Wittenberg, Hamburg, Lübeck und Dänemark. Am Wolliner Markt befinden sich auch das Rathaus, die Post, die im Gebäude der früheren Stadtsparkasse untergebracht wurde und das Heimatmuseum, für das die Stadt ein Nebengebäude des früheren Realgymnasiums nutzt.

Die von den Zisterzienserinnen im Jahre 1317 gegründete Wolliner Stadtschule war die älteste Schule Pommerns. Über den Strom führen drei Brücken. Die erste Brücke hatte es hier im Jahre 1124 gegeben. Südlich der Stadt erhebt sich der Galgenberg (Wzgórze Wisielcow) auf dem man im Jahre 1870 Grabstätten von Wikingern entdeckt hatte. Am Fuß des Berges befindet sich der Wolliner Badestrand.

☛ *Blick auf die ins Stettiner Haff ragende Halbinsel Roof (Półwysep Rów), den südlichsten Teil der Insel Wollin. Der Roof ist drei Kilometer lang und etwa einen Kilometer breit. Bei Sturmhochwasser wird er nicht selten überspült. Auch im Sommer guckt er nur wenig aus dem Wasser hervor. Das Gras konnte nur in Gummistiefeln gemäht werden, getrocknet wurde es auf dem nahen Wolliner Galgenberg. Heute ist die Halbinsel ein Biotopenschutzgebiet, sie gehört zum polnischen Naturpark „Am Stettiner Haff“.*

Die im Jahre 2003 fertig gestellte Wolliner Straßenbrücke hat eine Länge von 1655 Metern. Sie überquert den Dievenow-Strom im Zuge der E 65, die über 3800 Kilometer von Malmö über Swinemünde bis nach Chania in Griechenland führt.

AM STETTINER HAFF UND IM BINNENLAND

Südlich von Misdroy liegen die Ortschaften Laatziger Ablage (Zalesie), Vietzig (Wicko), Kalkofen (Wapnica), Stengow (Trzciagowo) und Lebbin (Lubin). Sie alle gehören verwaltungstechnisch zu Misdroy (Gmina Międzyzdroje).

Auf dem Wege von Misdroy nach Lebbin (7 km) passieren wir Laatziger Ablage (Zalesie), direkt am Kleinen Vietziger See gelegen. Das Areal wurde Mitte des 19. Jahrhunderts als Holzablage und als Hafen für dessen Abtransport geschaffen. Das Bunker-Museum in Laatziger Ablage bietet eine interessante Dokumentation über die V-3-Waffen. Hier war während des Zweiten Weltkrieges die Artillerie-Abteilung 705 mit 3 Batterien stationiert. Von der früheren Abschussrampe, zu deren Überresten eine Treppe führt, feuerten die Soldaten die V-3-Geschosse in Richtung Osten ab. Deren Wirkung blieb allerdings hinter den Erwartungen zurück.

Über den kleinen Ort Vietzig gelangt man nach Kalkofen, wo bereits im Jahre 1578 eine Kalkbrennerei existierte. Die Attraktion des Ortes ist der „Türkisfarbene See“. Ludwig Küster hatte im 19. Jahrhundert auf seinem Acker Kalk entdeckt. Er kaufte auch die umliegenden Äcker auf, erwarb das Bergrecht, stellte Arbeiter ein, die den Kalk aus der bis zu 21 Meter tiefen Kreidegrube förderten und wurde darüber ein wohlhabender Mann. Für Carl Ludwig Schleich, den Enkel Ludwig Küsters, war die Kreidegrube wie ein riesiger weißer Wundersaal mit kirchhohen steilen Tempelwänden, den ein dunkler Wald krönte, mit einem hellgrünen See in der Tiefe.

Als schließlich Mitte des 19. Jahrhunderts die Kalkförderung eingestellt worden war, lief die gesamte Grube voll Wasser. Links des Türkisfarbenen Sees führt an der alten Dorfschule und vorbei am Leloberg (Lelowa Góra, 89m) ein sehr schöner, jedoch etwas beschwerlicher Wanderweg zum Nachbarort Lebbin (wendisch Lubin, die Liebliche). Wählt man den rechts um die Kreidegrube führenden Weg, gelangt man zu einem Aussichtspunkt, der den Blick auf das Swinedelta freigibt. Lebbin hat eine sehenswerte, im Jahre 1861 im neugotischen Stil erbaute Kirche. Ein kleiner Hafen komplettiert die Idylle. Am Ortseingang Lebbins lassen Betonpfeiler auf eine frühere Industrieansiedlung schließen. Der Stettiner Johannes Quistorp (1822-1899) hatte hier im Jahre 1855 eine Portlandzementfabrik gegründet. Sie war eine der ältesten in Deutschland und mit 600 Beschäftigten zeitweilig die größte Europas. Für seine Belegschaft schuf der Unternehmer neben einer Krankenkasse auch eine Witwen- und Sterbekasse.

Die Attraktion Kalkofens ist der „Türkisfarbene See“, die ehemalige Küstersche Kreidegrube. Er zeugt noch heute vom Unternehmergeist Ludwig Küsters (1794-1874) und vom Fleiß der eigens für sein Unternehmen angesiedelten Dorfbewohner.

Das Bunkermuseum in Latziger Ablage

Das soziale Engagement Quistorps belegen auch der Bau von 150 Werkswohnungen, eines Witwenhauses, eines Vereinssaals, einer Bücherei und einer Vereins-Warenhandlung mit preisgünstigen Waren sowie die Gründung einer zweiklassigen Volksschule und eines Waisenhauses in Lebbin. Die Fabrik wurde nach dem Kriege abgebaut und als Reparationsleistung nach Russland transportiert.

Unmittelbar am Stettiner Haff liegen auch die zur Stadt- und Landgemeine Wollin gehörenden kleinen Orte Karzig (Karnocice), Soldemin (Sułomino) und Plötzin (Plocin). Man erreicht sie über die nach Wollin führende E 65 (DK 3). Soldemin bietet neben einem kleinen Hafen einen idyllisch gelegenen Campingplatz. Auch der Stumpf der uralten Holländerwindmühle ist sehenswert. Von Soldemin nach Wollin ist lediglich eine kurze Wegstrecke zu absolvieren. In der Stadt beginnt eine auch für Radler gut geeignete, parallel zur Eisenbahnstrecke Wollin-Ostswine verlaufende Nebenstraße. Sie führt über Klein und Groß Mokratz (Mokrzyca Mała, Mokrzyca Wielka), Rehberg (Ładzin) und Neu Kodram (Kodrąb) nach Warnow (Warnowo). Während Klein Mokratz ehemals Eigentum der Stadt Wollin war, besaß der Herr auf Schloss Apenburg Groß Mokratz. Beide Orte sind – wie die meisten Gutsdörfer – bar jeder Schönheit. Die einzige Sehenswürdigkeit bildet das alte Gutshaus in Klein Mokratz mit dem Storchennest auf einem etwas maroden Nebengebäude. Einen Abstecher wert sind die nahen Mokratzer Berge, ein bis zu 67 Meter hoher Inselkern. Auf dem Eichberg (auch über die E 65 von Dargebanz /Dargobądz aus oder mit der Bahn erreichbar) findet man noch spärliche Überreste des bereits vor dem Kriege dem Verfall preisgegebenen Schlosses Apenburg, dessen Ruine 1945 gesprengt wurde. Das Geschlecht derer von Apenburg, eines der ältesten pommerschen Adelsgeschlechter, war schon im Jahre 1794 mit dem Tode des preußischen Generalmajors Levin Gideon Friedrich von Apenburg erloschen.

In Rehberg sollte man die Kirche besichtigen. Im nahen Warnow existiert noch das Denkmal für die im Ersten Weltkrieg gefallenen Dorfbewohner. Die Namenstafel fehlt allerdings.

☛ *Lebbin aus der Vogelperspektive.*
Otto von Bamberg soll hier angelandet sein, um im zweiten Anlauf die „abstörrischen“ Wolliner zum Christentum zu bekehren. Später hatte Herzog Bogislaw I. den Ort und weitere Teile der Insel dem Bistum Cammin geschenkt, das auf der Steilküste eine Vogtei einrichtete.

Die Lebbiner Nikolaikirche mit ihrem neugotischen Turm und den Staffelgiebeln wurde im Jahre 1861 erbaut. In der Nähe des heutigen Pfarrhauses befand sich die Vogtei. Sie beherrschte vor dem Bau der Kaiserfahrt die Einfahrt in die Swine. Der Vogt soll im Jahre 1304 von jedem vorbeifahrenden Schiff ein Brot und eine Flasche Bier als Zoll gefordert haben.

Der frühere deutsche, unmittelbar neben der Kirche gelegene Lebbiner Friedhof war bereits in den 1960er Jahren in einem sehr tristen Zustand. Schließlich fand man nur noch kümmerliche Überreste der alten Grabstellen. Seit dem Jahre 2007 existiert auf dem neuen Lebbiner Friedhof ein Lapidarium deutscher Grabsteine mit einem Gedenkstein für die früheren Bewohner.

Dieses Storchenpaar hat sein Nest auf einem Wirtschaftsgebäude des ehemaligen Herrenhauses von Klein Mokratz gebaut. Störche sind auf der Insel Wollin keineswegs selten.

In Kalkofen reckt links der Dorfstraße die älteste Eiche der Insel, die „Tausendjährige Eiche", ihre schon etwas morschen Äste gen Himmel. Ihr wirkliches Alter soll aber weniger als 500 Jahre betragen. Kalkofen wurde 1771 durch Friedrich den Großen nahe einer bereits im Jahre 1578 erwähnten Kalkbrennerei gegründet.

An der Ortsgrenze von Warnow beginnt mit dem Warnow-Dorf-See (Jezioro Warnowo) die Wolliner Seenrinne, die sich bis zum Coperow-See bei Swantus erstreckt. Zur Wolliner Seenkette gehören auch der Ost-Warnow-See (Jezioro Domysłowskie), der West-Warnow-See oder Otternhöhlensee (Jezioro Czajcze, Warnowo Północne), der Dannenberger See (Jezioro Żółwińskie), der Kolzow-See (Jezioro Kołczewo), der kleine Krebssee (Jezioro Recze) und der Coperow See (Jezioro Koprowo). Auf einer Wanderung oder einer Radtour von Warnow über Dannenberg und Wollmirstädt bis nach Kolzow erschließt sich dieses Naturareal dem Besucher am ehesten.

Der Neuendorfer See (Jezioro Wisełka) hat eine Größe von 20 Hektar. Hier kann man baden, angeln und Boot fahren.

Die mit dem Warnow-Dorf-See beginnende Wolliner Seenkette erstreckt sich bis Swantus. Besonders sehenswert ist der West-Warnow-See oder Otternhöhlensee. Die Seen sind relativ flach, allein der Otternhöhlensee weist eine Tiefe von sechs Metern auf.

Der Bahnhof in Warnow. Die im Jahre 1900 fertiggestellte Wolliner Bahnlinie führt von Ostswine über Pritter, Liebeseele, Misdroy, Warnow, Rehberg, Groß Mokratz und Klein Mokratz nach Wollin (Stadt).

Der kleine Ort Dannenberg war nach der Christianisierung der Insel durch dänische Siedler gegründet worden. Das Dorf liegt zwischen dem Warnow-See (rechts), dem Ost-Warnow-See und dem West-Warnow-See (oben). Auf der in den Otternhöhlensee ragenden Halbinsel befand sich im 12. Jahrhundert ein slawischer Burgwall.

DIE INSEL KASEBURG UND DAS SWINE-RÜCKDELTA

Die 14 Quadratkilometer große Insel Kaseburg (Karsibór) erreicht man am besten mit der Kaseburger Fähre. Neben der auf der Insel Wollin gelegenen Anlegestelle der Fähre führt eine einspurige Brücke nach Kaseburg. Eine neue, zweispurige Brücke steht offensichtlich kurz vor ihrer Fertigstellung.

Auf der Insel passiert man den an der Kaiserfahrt gelegenen ehemaligen Schnellboothafen, in dem 1944 die 4. Schulungsflotte der Kriegsmarine stationiert war und das Restaurant „Marina“. Entlang der Dorfstraße, die von zweihundertjährigen Eichen gesäumt wird, gelangt man zu der sehenswerten Kaseburger Dorfkirche. Von hier aus führt ein Weg zum Vogelschutzgebiet Kaseburger Hutung (Karsiborska Kepa) und zum Beobachtungsturm des polnischen ornithologischen Vereins. Etwa 140 Vogelarten soll es hier geben. Wandern oder radeln sollte man in dem schilfbewachsenen Gebiet nur im Sommer bei Niedrigwasser. Ein Geheimtipp für den Besucher Kaseburgs ist jedoch eine Bootsfahrt auf dem Swine-Rückdelta. Wer kein eigenes Boot besitzt, kann es sich bei der Kaseburger Marina ausleihen und bei Bedarf einen ortskundigen Steuermann anheuern. Ein Rückseitendelta, wie es sich in der Alten Swine gebildet hat, stellt ein äußerst seltenes Gebilde dar. Es befindet sich in einem Dreieck, dessen Eckpunkte die Orte Kaseburg (Karsibór), Pritter (Przytór) und Lebbin (Lubin) bilden. Entstanden ist das Delta durch die Wechselwirkung von Ostsee, Swine und Haff. Die Swine, durch die der Löwenanteil des Oderwassers in die Ostsee fließt, hat naturgemäß eine meerwärts gerichtete Strömung, die sich jedoch bei starken Nordwinden umkehren kann. Das mit Sedimenten angereicherte Ostseewasser wird dann durch die Swine ins Stettiner Haff gedrückt. Die Sedimente lagerten sich auf dem Wege ins Haff ab und bildeten Sandbänke, die schließlich die Wasseroberfläche erreichten. In der Folge siedelten sich Schilf sowie weitere Wasserpflanzen an und verfestigten die jungen Schwemmböden. Der Oderschlamm, der sich zwischen den Stängeln des Schilfs absetzte, ließ die Inseln weiter anwachsen. Im Verlaufe von Jahrtausenden entstanden auf diese Weise ausgedehnte, von Schilf und Binsen umgebene Flachlandbildungen. Heute schlängelt sich die vielarmige und recht flache Alte Swine von Lebbin bis Kaseburg auf einer Länge von etwa 10 Kilometern zwischen mehr als 40 größeren und kleineren Inseln hindurch. Durch die Eröffnung der Kaiserfahrt verlangsamte sich die Bildung neuer Inseln.

☛ *Gleich am Ortseingang befindet sich die „Marina“, die einzige Gaststätte Kaseburgs. Man kann hier mit seinem Boot anlegen, gepflegt speisen und auch einen Bungalow mieten. Die Terrasse bietet einen Blick auf die Alte Swine.*

Die Kaseburger Fähre, die auch „Brummis“ befördert, überquert die Swine etwa 7 Kilometer südlich von Swinemünde, unmittelbar vor der Gabelung von Alter Swine und Kaiserfahrt.

Der Ort Kaseburg (ca. 1200 Einwohner, rechts im Bild), auf der Insel Kaseburg gelegen, wird im Osten durch die Heidefahrt (Rzecki Nurt), einen blinden Arm der Alten Swine und im Süden durch die Kaiserfahrt, den Durchstich zum Stettiner Haff, begrenzt. Hinter der Brücke, die Wollin und Kaseburg verbindet, beginnt das Swine-Rückdelta, das sich über ca. 10 Kilometer bis zum Stettiner Haff erstreckt. Links oben ist Pritter zu sehen.

Historisch Interessierte kommen auch in Kaseburg zu ihrem Recht, denn das ursprünglich auf der Insel Usedom gelegene Fischer- und Bauerndorf Kaseburg hat eine lange Geschichte. Möglicherweise ist es kein Zufall, dass in der Nähe des Ortes eine Münze aus dem Jahr 718 gefunden wurde, die als das älteste datierbare Fundstück auf der Insel Usedom gilt. Der Ort wurde im Jahre 1242 erstmals urkundlich erwähnt als das Kloster Dargun hier und im benachbarten Garz Besitzrechte erwarb und eine Vogtei einrichtete. Nach der Reformation wurde die Kaseburger Hofmeisterei dem herzoglichen Amt in Wolgast unterstellt. Auch kirchlich zählte der Ort bis 1720 zur Synode Wolgast. Während der schwedischen Besatzung war Johan Oxenstierna der Besitzer des Dorfes. Eine einschneidende Veränderung brachte den Kaseburgern und den Bewohnern der kleinen Ansiedlungen Woitzig, Lohberg und Kreuzhorst gegen Ende des 19. Jahrhunderts der Bau der Kaiserfahrt (Kanal Piastowski). Durch den fünf Kilometer langen Kanal zwischen der Alten Swine und dem Haff wurde der östliche Zipfel der Insel Usedom abgetrennt. Verkehrstechnisch wirkte sich der Durchstich sehr zum Nachteil der Kaseburger aus, denn Swinemünde konnte nun nicht mehr auf dem Landweg erreicht werden. Als Entschädigung durften die Kaseburger unentgeltlich die Fähre über die Swine benutzen, ein Privileg, das die Stadt Swinemünde im Verlauf der Zeit teuer zu stehen kam. Die Kaseburger ließen es sich jedoch nicht abkaufen. Zum Leidwesen der Kaseburger verursachte der neue Verlauf der Swine häufig Überschwemmungen, was neue Deiche erforderte. Nach 1920 waren 50 Hektar Wiesen um einen halben Meter erhöht und am Haff rund 50 Hektar Neuland geschaffen worden. Kaseburg konnte damit seiner Funktion als Obstlieferant für Swinemünde noch besser gerecht werden. Insbesondere während der Obstbaumblüte war die Insel ein beliebtes Ausflugsziel. Heute erholen sich hier im Sommer nicht nur die Swinemünder, sondern auch viele Deutsche.

Wer etwas mehr Zeit hat, sollte auch dem alten deutschen Friedhof und den Molen der Kaiserfahrt am Stettiner Haff einen Besuch abstatten.

Der Ort Kaseburg liegt recht idyllisch an der Heidefahrt, früher auch das Ryck (wendisch „Fluss“) genannt.

☛ *Ihre heutige Form erhielt die bereits im Mittelalter erbaute Kaseburger Dorfkirche durch Karl Friedrich Schinkel. Es heißt, dass der Schwedenkönig Gustav Adolf während des Dreißigjährigen Krieges in Kaseburg Halt gemacht hatte, bevor er daran ging, Wallenstein von der Insel Wollin zu vertreiben. Er soll zwischen dem 14. und 19. Juli 1630 im hiesigen Pfarrhaus übernachtet und sein Frühstück gemeinsam mit dem Pfarrer unter den alten Kastanien eingenommen haben.*

Blick auf das Swine-Rückdelta. Die Arme der Alten Swine schließen mehr als 40 Inseln ein. Die Inseln hießen u. a. Hasenflagswiesen, Vosskuhlenwiesen, Warnitzer Wiesen, Stutwiese, Hengstwiesen, Bullenwiese, Kaseburger Hutung und Treumanns Wiesen. Heute sind die Inseln, die zum Wolliner Nationalpark gehören, ein Refugium für mehr als 100 Vogelarten und für Biber.
Statt der Leichterkähne und Schiffe befahren die Alte Swine Angelkähne und kleinere Motorboote.

Die Inseln im Swinedelta sind vielfach von einem dichten Schilfgürtel umgeben. Auf einigen wachsen Sträucher und Bäume. Schwänen, Enten, Haubentauchern und anderen Wasservögeln bietet das Delta ideale Bedingungen.

DIE INSEL USEDOM
VON DER SWINEMÜNDUNG BIS PEENEMÜNDE

Fünfundvierzig Kilometer Ostseestrand säumen die Nordostküste Usedoms. Elf Ostseebäder erwarten hier ihre Gäste. Drei Bäder von ungewöhnlicher Eleganz liegen ganz im Osten der Insel: Ahlbeck, Heringsdorf und Bansin.

Im Jahre 2005 fusionierten die Kaiserbäder der Insel Usedom und führen seitdem den Namen Seebad Heringsdorf (ca. 9.200 Einwohner). Das Kapital der drei Kaiserbäder bildet vor allem ihr etwa acht Kilometer langer, recht breiter und feinsandiger Strand. Die Ostsee, deren Wasserqualität hier seit Jahren mit sehr gut bewertet wird, lockt geradezu zum Bade. Zudem erhebt Heringsdorf den Anspruch, die längste Sonnenscheindauer in Deutschland zu haben. Und sollte das Wetter nicht mitspielen, gibt es immer noch das Heringsdorfer subtropische Badeparadies, die „Ostseetherme". Es ist aber nicht nur der Badespaß, der die Besucher lockt. Auch die längste und wohl schönste Strandpromenade, gesäumt von einer Vielzahl prachtvoller historischer Villen sowie die wald- und seenreiche Umgebung, verfehlen ihre Wirkung nicht: Heringsdorf zählt jährlich etwa 2,7 Millionen Übernachtungen. Der größte Ortsteil des Ostseebades, das Kaiserbad Ahlbeck, liegt unmittelbar an der deutsch-polnischen Grenze. Der Preußenkönig Friedrich II. hatte im Jahre 1750 am rechten Ufer der „Aalbeeke" vier Kolonisten angesiedelt. Deren Aufgabe bestand darin, den Bach frei zu halten, der die Wiesen und Weiden des nahen Thurbruchs zur Ostsee hin entwässerte. Das „königliche Ahlbeck" und das Fischerdorf Ahlbeck fusionierten im Jahre 1882. Bereits seit 1852 gab es einen regen Badebetrieb. Als Gäste kamen vorrangig mittlere Beamte mit ihren Familien. In den Jahren 1890 bis 1892 wurde die Seebrücke gebaut. Die Brücke des Kaiserbades Heringsdorf ist mit einer Länge von 508 Metern die längste Seebrücke Deutschlands.

Heringsdorf, seit 1825 Ostseebad, ist das älteste der drei Kaiserbäder. Schon 1819 hatte der Besitzer des Ritterguts Gothen, Bernhard von Bülow, auf dem Heringsdorfer Kulm neben dem Fischerdorf Neukrug ein Logierhaus für Badegäste eingerichtet (der große Loriot, der im Jahre 1991 auf der Ahlbecker Seebrücke Szenen seines Films „Pappa ante Portas" drehte, war ebenfalls ein von Bülow). Etwas später entstand in der Nähe eine Villenkolonie, die später mit Neukrug vereinigt wurde. Im Jahre 1820 gab Friedrich Wilhelm III. dem Ort den Namen Heringsdorf, zu Weltruhm führte ihn schließlich der Kommerzienrat Hugo Delbrück (1825-1900). Er kaufte gemeinsam mit seinem Bruder vom Besitzer des Rittergutes Gothen 1871 mehrere hundert Hektar Land. Ein Jahr später gründeten die Brüder die Aktiengesellschaft Heringsdorf. Unter Delbrücks Regie wurden die Kaiser-Wilhelm-Brücke, Badeanstalten für Damen und für Herren, ein Kurhaus und ein Elektrizitätswerk erbaut. Der Ort erhielt eine Wasserleitung und befestigte Straßen, im Wald entstanden Tennisplätze. All das trug wesentlich dazu bei, dass von 1870 bis 1899 die Zahl der Sommergäste von 2000 im Jahre 1870 auf 9600 im Jahre 1899 anstieg. Der Politiker Peer Steinbrück ist in vierter Generation direkter Nachkomme Hugo Delbrücks.

Das Ostseebad wurde zum Modebad reicher Kaufleute, Industrieller, Adliger und Prominenter von Theater und Film. Nachdem man im Jahre 1927 in einer Tiefe von 400 Metern eine radiumhaltige Solquelle erschlossen hatte, war Heringsdorf See-, Sol- und Moorbad. Nach dem Zweiten Weltkrieg kurten hier zunächst Offiziere der Sowjetarmee mit ihren Familien.

In Bansin begann der offizielle Badebetrieb erst im Jahre 1897. Unmittelbar am Ostseestrand, wenige Kilometer nördlich vom Dorf Bansin, das bereits im 13. Jahrhundert Erwähnung fand, entstanden die ersten Gästehäuser. Den Charakter des Ortes bestimmen exklusive Hotels und gastfreundliche Pensionen sowie eine bemerkenswert schöne Umgebung. Auf der Steilküste („Langer Berg“) gibt es prachtvolle Buchenwälder und im Hinterland buhlen gastfreundliche Ausflugslokale um Besucher. Parallel zur Küste verläuft ein idyllischer, stellenweise nicht leicht zu befahrender Radweg über Ückeritz, Stubbenfelde und Kölpinsee nach Koserow. Man passiert auf dieser Tour den Mümmelkensee, den Wockninsee sowie den Kölpinsee und erreicht schließlich den steil zur See abfallenden Streckelsberg. Im Schutz des Streckelsberges liegt Koserow. Der Ort wurde bereits im Jahre 1347 urkundlich erwähnt. Wie in vielen Dörfern auf Usedom, raubten, mordeten und brandschatzten in Koserow während des Dreißigjährigen Krieges die „Kaiserlichen“ unter Wallenstein. Die Glocke der Koserower Kirche fand man später in der Swine wieder. Im Dreißigjährigen Krieg ist auch ein bekannter Roman des Koserower Pfarrers Wilhelm Meinhold angesiedelt. Er trägt den Titel „Maria Schweidler – die Bernsteinhexe“. Westlich von Koserow hat die Insel ihre „Taille“. Bepflanzte Dünen und ein Deich sichern heute die Landenge. Und in „Lüttenort“ kann das zu einem Museum umgestaltete Atelier des bekannten Malers Otto Niemeyer-Holstein besucht werden.

Zinnowitz (etwa 4000 Einwohner) gehört zu den schönsten Usedomer Seebädern. In der DDR war Zinnowitz Bad der Wismutkumpel, die im Erzgebirge für die Sowjetisch-deutsche Aktiengesellschaft (SDAG) Wismut Uranpechblende förderten. Für sie wurde Mitte der 1970er Jahre das Ferienheim „Roter Oktober“ errichtet (heute „Hotel Baltic“). Eine Attraktion des Ostseebades sind die Vineta-Festspiele. Das während des Sommers auf der Ostseebühne aufgeführte Theaterspektakel hat in den vergangenen Jahren bereits hunderttausende Besucher angezogen. Der Ort kann auf eine lange Geschichte verweisen. Im Jahre 1309 hatte der Pommernherzog Bogislav IV. in einer Schenkungsurkunde dem Kloster Crummin den Besitz der pommerschen Dörfer Crummin (Krummin), Tzys (später Zitz, dann Zinnowitz) und Mahlzow bestätigt.
Über die Ostseebäder Trassenheide – hier befindet sich die größte Schmetterlingsfarm Europas – und Karlshagen erreicht man schließlich die Peenemündung. Der Strand zwischen Karlshagen und Peenemünde ist ein Geheimtipp für jene Menschen, die die Einsamkeit lieben. Eine kleine Fähre besorgt die Verbindung zwischen Peenemünde und dem auf dem Festland liegenden Kröslin.

Ostseebad Ahlbeck
Aufgang zur Landungsbrücke.

Die Ahlbecker Seebrücke im strengen Winter 2009/2010. Sie präsentiert sich zu jeder Jahreszeit als die schönste Seebrücke der Insel Usedom. Mehrfach diente sie als Kulisse für Filmaufnahmen. Vicco von Bühlow (Loriot) drehte einige Szenen seines Filmes „Pappa ante Portas" auf der Ahlbecker Seebrücke, die aus diesem Anlass weiß gestrichen worden war, so wie sie Loriot aus seiner Kindheit in Erinnerung hatte. Bereits im Jahre 1968 waren hier Szenen für den DEFA-Film von Heiner Karow „Die Russen kommen" gedreht worden, der erst 1987 aufgeführt werden konnte.

*Die Ahlbecker Seebrücke, hier um 1910, war in den Jahren 1890/92 erbaut worden.
Im Verlauf der Jahre setzten ihr Eisgang und Stürme immer wieder zu. So nahm sie im Winter 1941/42 durch Eisgang großen Schaden. Eine grundlegende Sanierung erfolgte u.a. in den Jahren 1984-86. Zu dieser Zeit hatte Ahlbeck die einzige intakte Seebrücke auf Usedom. In den 1990er Jahren erhielt die wohl schönste Brücke der Insel wiederum einen Bootsanleger. Die Brücke steht unter Denkmalschutz, sie ist die einzige noch intakte Seebrücke Kontinentaleuropas aus dem 19. Jahrhundert. Von hier aus laufen Fahrgastschiffe auch die polnischen Ostseebäder Swinemünde und Misdroy an.*

Vor der Ahlbecker Seebrücke pulsiert das Leben. Die vier Radfahrer im Vordergrund waren in Lübeck gestartet und posieren nun für ein Erinnerungsfoto. Auch die Jugendstiluhr darf auf dem Bild nicht fehlen. Das Geld für deren Anschaffung hatte die Berlinerin Maria Grunack im Jahre 1911 gespendet. Die Farbe der Uhr hat sich mehrfach geändert und mittlerweile hat sie auch ein neues Uhrwerk erhalten. Man wünscht sich, dass sie auch während der nächsten hundert Jahre zuverlässig die Zeit anzeigt.

Eine Luftaufnahme Ahlbecks aus westlicher Richtung.
Im Hintergrund sind die Hafeneinfahrt von Swinemünde und die Steilküste von Misdroy zu erkennen.

Von einem solchen Bernsteinfund träumen viele Strandbesucher…

Ein Sommertag am Ahlbecker Strand. Im Hintergrund: Heringsdorf und Bansin.

Im strengen Winter 2009/2010 türmten sich am Ahlbecker Strand bizarre Eisberge.

Heringsdorf und sein seenreiches Hinterland. Außer der Ostsee sind sechs weitere Seen erkennbar: Der Schloonsee, der Gothensee, die beiden Krebsseen, der Schmollensee und das Achterwasser.

☝ Das mondäne Kurhotel Kaiserhof Atlantic wurde 1873 erbaut und 1896 sowie 1906 bedeutend vergrößert. In der Glashalle fanden 500 Personen Platz. Als FDGB-Heim „Solidarität“ wurde das Haus ab 1952 zum bedeutendsten Objekt des Feriendienstes auf Usedom.

☚ Der Eingang zur 1893 fertig gestellten, 500 Meter langen Kaiser-Wilhelm-Brücke (links), das Kurhotel Kaiserhof Atlantic (rechts) und das Strand-Kasino (im Vordergrund) prägten in den 1920er Jahren das Bild der Heringsdorfer Promenade.

☛ Wo heute die Spielbank Heringsdorf ihre Gäste erwartet, befand sich einst das in den Jahren 1897/98 in Holzbauweise errichtete Strand-Kasino. Es brannte 1946 bei einer Feier der Sieger ab. Im gleichen Jahr begann man mit dem Aufbau eines Offizierskasinos der Roten Armee. Das Gebäude wurde in DDR-Zeiten als „Kulturhaus“ zum kulturellen Zentrum Heringsdorfs. Es beherbergte einen Theater- und Kinosaal mit 790 Plätzen, ein Tanzcafé und das Bräustübel. Heute gehören zu dem privatisierten und erweiterten Objekt außer der Spielbank das Forum Usedom und das Maritim-Hotel. Theateraufführungen finden in der warmen Jahreszeit im Theaterzelt „Chapeau Rouge“ auf dem Heringsdorfer Sportplatz statt.

Seebad Heringsdorf
Seebrücke

Heringsdorf
Strand-Kasino mit Kurpromenade.
FAMILIEN-BAD

Eine Attraktion Heringsdorfs ist die im Jahre 1995 erbaute Seebrücke. Mit einer Länge von 508 Metern ist sie der Primus unter den Brücken Kontinentaleuropas.

Die „Sehleute" auf der Heringsdorfer Seebrücke genießen den Anblick der aufgewühlten See. Die Brücke hielt bisher jedem Sturm und auch dem gefährlichen Eisgang stand.

In den Jahren 1979 bis 1984 wurde das ehemalige Hotel Atlantic abgetragen und durch zwei Plattenbauten ersetzt, die unter dem Namen „Solidarität" ihre Gäste empfingen. Nach der Privatisierung firmiert der modernisierte Komplex als Kurhotel bzw. als Reha-Klinik.

361
371

Ein Sommertag am Heringsdorfer Strand. Im Hintergrund ist Bansin mit dem Langen Berg zu sehen.

Pensionat
Villa Hintze

Die Villa Hintze in der Heringsdorfer Delbrückstraße. Das im 19. Jahrhundert erbaute Haus zählt mit seiner reich verzierten Fassade zu den repräsentativsten Gebäuden der Bäderarchitektur auf der Insel. Nach 1945 hatten hier – wie in vielen Heringsdorfer Pensionen und Hotels – aus ihrer Heimat vertriebene Familien gewohnt. Fachkundige Restauratoren verhalfen der Villa in den Jahren 2000 und 2009 zu neuem Glanz.

Seite 106 links oben: Die repräsentative Heringsdorfer Villa Oasis wurde im Jahre 1896 von der Berliner Familie Löwner gebaut. In der NS-Zeit beherbergte sie ein Kindererholungsheim und nach dem Kriege ein Sanatorium der Roten Armee. In den 1990er Jahren wurde das Gebäude zum ersten 4-Sterne-Hotel auf der Insel Usedom umgestaltet.

Seite 106 rechts oben: Das Seeschloss wurde im Jahre 1882 unter dem Namen „Grand Hotel Seeschloss" vom Geschäftsmann Emil Lindemann im Zentrum von Heringsdorf erbaut. Es war eines der vornehmsten Häuser des Ortes. Hier logierten u. a. Leo Fall und Richard Tauber. Die Luxusherberge verfügte schon damals über einen Personenaufzug, Etagenbäder und eine angesagte Wiener Küche. Nach 1945 als Sanatorium und Ferienheim genutzt, wurde es in den Jahren 2003 und 2004 aufwendig rekonstruiert und saniert.

Seite 106 links unten: Die neobarocke, in Details vom Jugendstil geprägte Villa Bleichröder, wurde im Jahre 1890 von der Bankiersfamilie von Bleichröder an der Heringsdorfer Promenade erbaut. Gerson Bleichröder, der seit 1855 an der Spitze des Berliner Bankhauses S. Bleichröder stand, galt seinerzeit als der reichste Mann Preußens und als einer der reichsten Männer der Welt. Während der NS-Zeit wurde die jüdische Familie von Bleichröder enteignet. Die Villa diente nun als Erholungsheim für nationalsozialistischen Führungskader. Nach 1945 beherbergte sie ein Sanatorium der Roten Armee und hiernach war sie Gästehaus des FDGB. Im Jahre 1999 wurde das Haus aufwendig restauriert und empfängt nun unter dem Namen „Hotel Diana" (nach der im Vorgarten aufgestellten Statue der Göttin der Jagd, die der Berliner Bildhauer Ferdinand Lepcke schuf) seine Gäste.

OASIS

Der Ostgiebel der im Jahre 1883 erbauten Villa Oechsler. Die Villa gehört zu den schönsten Gebäuden an der Heringsdorfer Promenade. Das von Antonio Salviati geschaffene Glasmosaik, auf dem bekränzte Grazien beim Baden dargestellt sind, ist von kunsthistorischer Bedeutung. Den Giebel zieren Reliefs mit Knaben, die verschiedenen Tätigkeiten nachgehen. Heute erwartet in dem sorgfältig restaurierten Haus, das mehrfach vom expressionistischen Maler Lyonel Feininger gezeichnet worden ist, eine Boutique ihre Kunden.

Seite 106 unten rechts: Wilhelm Staudt, ein sehr erfolgreicher Unternehmer, erwarb um 1900 die Villa Staudt (früher „Miramar“, erbaut 1868). Zwischen 1892 und 1913 weilte der deutsche Kaiser anlässlich der Flottenmanöver jährlich für einige Tage in Swinemünde. Von dort aus ließ er sich in den Jahren 1909 bis 1912 regelmäßig nach Heringsdorf kutschieren, wo er zum Nachmittagstee in der Veranda der Villa Staudt erwartet wurde. Im Garten der Villa erinnert heute eine Büste Kaiser Wilhelms an dessen Besuche.
Die Bekanntschaft des Kaisers mit der Konsulin Staudt, die seit 1906 verwitwet war, resultierte aus der Vermählung der Staudtschen Tochter Auguste-Viktoria mit dem Rittmeister Wilhelm von Kummer, einem Patenkind Wilhelms. 1938 kaufte Theodor Morell, der Leibarzt Hitlers, das Haus.

Das reizvoll gelegene Kaiserbad Bansin und sein Hinterland aus der Vogelperspektive gesehen. Der breite Ostseestrand, eine lange, von gastfreundlichen Hotels und Restaurants gesäumte Promenade sowie nahegelegene Wälder und Seen geben dem Ort seinen unverwechselbaren Charakter.

Das Ostseebad Ückeritz (ca. 1000 Einwohner) liegt zwischen der Ostsee und dem Achterwasser. Im Vordergrund ist der geschützte Wockninsee zu sehen, im Hintergrund der Loddiner Höft, eine ins Achterwasser ragende Halbinsel. In den 1930er Jahren entstand in der Ückeritzer Waldstraße mit Herbert Wegehaupt, Otto Manigk, Karen Schacht und Vera Kopetz eine bedeutende Künstlerkolonie. Heute sind in Ückeritz die Maler Oskar Manigk und Matthias Wegehaupt zu Hause.

Blick auf Kölpinsee (im Vordergrund), Ortsteil der Gemeinde Loddin und den Kölpinsee. Gäste des kleinen aber feinen Ostseebades waren in den 1930er Jahren die Filmstars Willy Fritsch, Lilian Harvey, Grethe Weiser, Anny Ondra und Hans Söhnker. Das Hotel Seerose (rechts im Bild) wurde bereits im Jahre 1897 eröffnet. In der ersten Hälfte des 20. Jahrhunderts durchbrach Sturmhochwasser zweimal die Düne. Die Ostsee ergoss sich über den Kölpinsee hinweg bis zum Achterwasser.

Südlich des Streckelsberges und damit in seinem Schutz, liegt das attraktive Ostseebad Koserow (1700 Einwohner). Der Sage nach soll vor dem Streckelsberg Vineta untergegangen sein.

Obwohl die 285 Meter lange Bansiner Seebrücke ohne Gebäude daherkommt, ist sie bei den Einheimischen und Gästen als Flaniermeile überaus beliebt. Sie wird von Ausflugsdampfern angelaufen. Die meisten der weißen Villen an der Strandpromenade und in der Bergstraße erwarten als Hotels oder Pensionen ihre Gäste.

☛ *Der Koserower Strand zählt zu den schönsten Stränden der Insel. Im Hintergrund ragt der Streckelsberg empor.*

Der Strand zwischen Koserow und Zempin ist den Anhängern der Freikörperkultur (FKK) vorbehalten. Eine elitäre Gruppe bilden die Nudisten heute nicht mehr. Man ist tolerant und duldet auch bekleidete Strandwanderer. Noch in den 1950er Jahren wurden manchmal vermeintliche oder wirkliche Voyeure mit Kleidung und Fotoapparat ins Wasser geworfen.

Die im Jahre 1820 errichteten Koserower Salzhütten lassen vermuten, dass der Fischfang ehemals die wichtigste Erwerbsquelle der Bewohner war. Der am Strand von Koserow aufgenommene Fischer hingegen, ist hier gegenwärtig der einzige seiner Zunft. Ganz offensichtlich lohnt sich die Küstenfischerei nicht mehr.

Vinetabrücke
Ostseebad Zinnowitz

Die „Taille“ der Insel Usedom. Die sturmflutgefährdete Landenge zwischen der Ostsee und dem Achterwasser hat lediglich eine Breite von 300 Metern. Allein im 18. Jahrhundert riss das Sturmhochwasser die Insel Usedom hier fünfmal in zwei Teile. 1792 durchbrach der Sturm die Landenge gar auf einer Breite von mehr als zwei Kilometern. Im November 1872 wurde das Vorwerk Damerow zerstört. 1904 und 1913 kam es erneut zu Dammbrüchen.

Unmittelbar an der Zinnowitzer Promenade liegen der Preußenhof (links) und das 5-Sterne-Hotel „Palace-Hotel“. Das Palace-Hotel war im Jahre 1900 als Schwabes Hotel eröffnet worden. Zu den Gästen zählten u. a. Kronprinz Wilhelm, Walter Rathenau, Hans Fallada und Wernher v. Braun. In DDR-Zeiten firmierte das Haus als FDGB-Erholungsheim „Klement Gottwald“.

Die im Jahre 1993 eingeweihte Zinnowitzer Vineta-Seebrücke hat eine Länge von 315 Metern. Bemerkenswert ist die im Jahre 2006 am Brückenkopf installierte Tauchglocke. Ihr Besucherdeck befindet sich nach dem Abtauchen vier Meter unter der Wasseroberfläche und einen Meter über dem Meeresboden. Die Besatzung gibt während des Tauchgangs Erläuterungen zu Flora und Fauna des Ostseeraums.

Prachtvolle Hotels und Pensionen, eine großzügig angelegte Promenade, ein breiter Strand sowie die neue Seebrücke geben dem Ostseebad Zinnowitz seinen unverwechselbaren Charakter. Bis zum Yachthafen und zur Dampferanlegestelle am Achterwasser ist nur ein kurzer Weg zurück zu legen. Auch die Halbinsel Gnitz (oben im Bild) ist einen Besuch wert.

DAS USEDOMER „ACHTERLAND“

Neben den Kaiserbädern an der Ostsee ist auch das Usedomer Achterland besonders reizvoll. Orte wie Benz, Neppermin, Korswandt oder Mellenthin sind beliebte Ausflugsziele mit so manchen Sehenswürdigkeiten.

„Dort möchte ich nicht begraben sein“, sagt man, um einen besonders tristen Ort zu charakterisieren. Der kleine Ort Benz gehört nicht in diese Kategorie, denn seinen Friedhof hatten seinerzeit selbst so bekannte Persönlichkeiten wie der Maler Otto Niemeyer-Holstein, die Publizistin Carola Stern und der Schauspieler Rolf Ludwig als ihre letzte Ruhestätte ausgewählt. Der Ort liegt etwa sechs Kilometer südlich von Bansin, an den Ufern des Schmollensees, des Gothensees und des Achterwassers. Den Reiz des Ortes wusste auch der deutsch-amerikanische Maler Lyonel Feininger zu schätzen. Er hatte im Jahre 1910 die hiesige Holländerwindmühle und die Kirche als Motiv gewählt. Die Holländerwindmühle ist unzweifelhaft eine Attraktion von Benz. Direkt unterhalb des Mühlenberges befindet sich der Reit- und Ferienhof Benz mit seiner modernen Reithalle. Sehenswert ist auch die St.-Petri-Kirche, ein Backsteinbau aus der ersten Hälfte des 15. Jahrhunderts, mit ihrer Kanzel aus dem Jahre 1666 und dem Altar von 1712. Unmittelbar neben der Kirche erwartet das Kunst-Kabinett Usedom mit einer Galerie und wechselnden Ausstellungen seine Besucher. Im benachbarten Neppermin faszinierten Feininger u. a. die alten Mühlen und der Hafen von „Peppermint“ (Neppermin) während er in Balm den „Wanderzirkus“ auf dem Dorfplatz zeichnete. Neppermin und Balm gehören heute ebenso zur Gemeinde Benz wie die Ortschaften Labömitz, Stoben und Reetzow. Der Nepperminer See ist eine Bucht des Achterwassers. Im See liegen die Inseln Böhmke und Werder, ein 118 Hektar großes Vogelschutzgebiet. Die Inseln sind ein Refugium für Möwen, Flussseeschwalben, Uferschnepfen, Schnatterenten, Reiherenten, Brandgänse, Graugänse, Schwäne, Tafelenten, Stockenten etc. Zur Reduzierung der Lachmöwenpopulation sind hier seinerzeit Gotlandschafe angesiedelt worden. Der Nachbarort Balm ist bekannt durch seinen anspruchsvollen 18-Loch-Golfplatz. Einen Besuch abstatten sollte man auch dem Kückelsberg. Er liegt linkerhand an der Straße von Benz nach Labömitz und ist mit 58 Metern die zweithöchste Erhebung der Insel. Ein kleiner Aussichtsturm bietet einen Blick auf den kleinen Ort Reetzow und das Thurbruch, ein 16 Quadratkilometer großes Niedermoorgebiet, zu dem auch der Gothensee und der Kachliner See gehören. „Thur“ ist eine früher gebräuchliche Bezeichnung für Auerochsen. Der Letzte seiner Spezies soll hier im Jahre 1360 durch Wartislaw V. erlegt worden sein.

Von den ehemaligen Windschöpfwerken, die das Moor entwässerten, existiert heute nur noch das in Kachlin. Am gegenüberliegenden Ufer des Gothensee liegt Korswandt (etwa 600 Einwohner). Mellenthin (478 Einwohner), ein weiterer geschichtsträchtiger Ort der Insel, ist nur wenige Kilometer von Neppermin entfernt.

Benz, hier aus Richtung Stoben gesehen, ein Ort von besonderem Reiz, beeindruckte bereits Lyonel Feininger. Der deutsch-amerikanische Maler zeichnete im Jahre 1910 die Benzer Holländerwindmühle in schwarzer Kreide. Auch die Kirche des Ortes wählte er als Motiv.

Eine Attraktion von Benz ist die Holländerwindmühle, in der noch in der zweiten Hälfte des 19. Jahrhunderts Korn gemahlen wurde. Von 1973 bis 1984 war sie Refugium des Malers Otto Niemeyer-Holstein, heute ist sie im Besitz des Vereins „Kulturmühle Benz“.

Korswandt, wenige Kilometer südlich von Ahlbeck, am Wolgastsee gelegen, aus der Vogelperspektive gesehen. Radwege führen von hier aus nach Swinemünde, Ahlbeck und Heringsdorf. Auf einem besonders gepflegten Radweg, der am Korswandter Golfplatz sowie am Krebssee vorbei führt, gelangt man nach Garz und Kamminke.

Auf dem Friedhof in Benz befindet sich das Grab des bekannten Usedomer Malers Otto Niemeyer-Holstein. Während der NS-Zeit waren seine Bilder aus den Museen entfernt worden. Ab 1933 wohnte Otto Niemeyer-Holstein im Sommer in „Lüttenort" am Achterwasser in einem ausgedienten Berliner S-Bahnwagen. Von 1939 bis zu seinem Tode lebte er ganzjährig auf seinem Anwesen am Achterwasser.

Die größte Usedomer Keramikwerkstatt befindet sich in Morgenitz, dem Tor zum Lieper Winkel. Die Künstler bieten das im Hause hergestellte und gebrannte, traditionell blau bemalte Steinzeug, kostbare Einzelstücke, kleine Serien an Gebrauchsgeschirr, Kleinplastiken und vieles mehr an.

Sehenswürdigkeiten des Ortes sind die alte Kirche und das Wasserschloss. Die mittelalterliche Backsteinkirche ist 1338 als Filiale der Usedomer Paulskirche erbaut worden, nachdem den Mellenthinern der Weg nach Usedom zu mühselig geworden war. Die Deckenmalereien stammen aus dem 15. Jahrhundert, Altar, Gestühl, Beichtstuhl und Westempore aus dem 18. Jahrhundert. Zwischen 2000 und 2005 erfolgte eine umfangreiche Sanierung und Konservierung der Malereien. Grabtafeln in der Kirche erinnern an den Erbauer des Mellenthiner Schlosses, Rüdiger von Neuenkirchen († 1594) und seine Frau Isabel von Eickstädt.

Das Mellenthiner Schloss wurde in den Jahren 1575 bis 1580 errichtet. Robert Burkhardt hat in seinem Roman „Der letzte Neuenkirchen" den Gutsbesitzern – das letzte Familienmitglied starb im Jahre 1641 – ein Denkmal gesetzt. Später gehörte das Schloss dem schwedischen Grafen und Kanzler Johan Axelsson Oxenstierna. Nach der dritten Zwangsversteigerung kaufte es in der ersten Hälfte des 20. Jahrhunderts die Pommersche Landgesellschaft. Sie teilte das Gut in Siedlerstellen auf.

Nach 1945 wohnten im Schloss „Flüchtlinge". Auch für einen Kindergarten, das Heimatmuseum und eine Gaststätte bot es Platz. Naturinteressierte sollten auch der nahen Mellenthiner Heide (heute ein geschlossenes Waldgebiet, das sich bis zum Stettiner Haff ausdehnt) einen Besuch abstatten. Die meisten Wege der sogenannten Heide, die im Kriege ein riesiges Munitionslager beherbergte, wurden mittlerweile wieder für Wanderer und Radler freigegeben. Sehenswerte Orte sind Stolpe mit seinem Schloss, Prätenow mit dem Wisentgehege und das Zweiradmuseum Dargen.

Eine besondere Attraktion bildet das Prätenower Wisentgehege in der nahen Mellenthiner Heide.

Das in den Jahren 1575 bis 1580 errichtete Mellenthiner Wasserschloss. In neuerer Zeit ist der Westflügel zum Hotel umgestaltet worden.
Im Mittelbau befindet sich das Schloss-Restaurant und im Schlosshof lädt ein Biergarten zum Verweilen ein.

Waffelbäckerei

AM HAFF UND AN DER PEENE

Die reich gegliederte Binnenküste der Insel Usedom ist mit ca. 164 Kilometern fast viermal so lang wie die Außenküste, denn die Buchten des Achterwassers (80,6 km²) und der Krumminer Wiek (15 km²) greifen tief in die Landmasse der Insel ein.

Unser Exkurs beginnt ganz im Osten, bei Kamminke. Der Ort, am Stettiner Haff gelegen, zählt zu den ältesten Fischerdörfern der Insel. Die meisten Besucher kommen hierher wegen der Kriegsgräber- und Gedenkstätte Golm. In der Jugendbegegnungsstätte Golm bietet der Volksbund Deutsche Kriegsgräberfürsorge Jugendgruppen und Schulklassen aus Deutschland, Polen und aus weiteren Ländern die Möglichkeit der Begegnung und des Kennenlernens. Ebenfalls am Nordufer des Stettiner Haffs, inmitten des Naturparks Insel Usedom, liegt die Gemeinde Stolpe. Sehenswert sind hier das Schloss und die Dorfkirche. Der Ort darf nicht verwechselt werden mit dem Ort gleichen Namens an der Peene. Dort war im Jahre 1136 der zum Christentum übergetretene pommersche Herzog Wartislaw I. von einem wendischen Edelmann ermordet worden. Die Söhne Wartislaws errichteten daraufhin eine Kirche und gründeten in Stolpe im Jahre 1153 das erste pommersche Kloster, ein Benediktinerkloster. Die Stadt Usedom, Namensgeber für die Insel, liegt im Usedomer Winkel, der vom Usedomer See, dem Kleinen Haff, dem „Strom" und dem Peene-Strom umspült wird. Der kleine Meeresarm „Kehle" verbindet den Usedomer See mit dem Haff und zerteilt zugleich die Usedomer Ortsteile Westklüne und Ostklüne. Die „Fähre" – ein kleines Ruderboot – verbindet die Orte. Die siebenhundertjährige Stadt Usedom (2000 Einwohner) wirbt mit ihrem historischen Stadtzentrum. Durch das Anklamer Tor gelangt man in die Altstadt. Am nahen Markt befinden sich die Marienkirche, das Rathaus, das Pfarrhaus und mehrere sehenswerte, durch historische Türen verzierte Bürgerhäuser. Mitte des 13. Jahrhunderts war Usedom eine der Lieblingsresidenzen der Herzöge von Pommern. Auf dem Schlossberg thronte seit dem 10. Jahrhundert eine slawische Burgsiedlung. Hier nahmen im Jahre 1128 die wendischen Fürsten Westpommerns das Christentum an. Im Jahre 1155 wurde am Usedomer See, zwischen dem heutigen Wilhelmshof und der Stadt Usedom das Prämonstratenserkloster Grobe gegründet, das kurzzeitig Bischofssitz war. Wenig später verlegte der Pommernherzog Bogislaw IV. das Kloster in die Nähe des Dorfs Pudagla. Um den Besitz der Kirche zu vergrößern, schreckten die Mönche des Klosters selbst vor Urkundenfälschung nicht zurück.

Ein Kuriosum bildet das Usedomer Bahnhofsgebäude, denn seit der Sprengung der Karniner Brücke vor mehr als 60 Jahren gibt es hier keinen Zugverkehr mehr.

☛ *Kamminke (280 Einwohner), am Stettiner Haff gelegen, ist eins der ältesten Fischerdörfer auf Usedom. Im Westen des Ortes erhebt sich majestätisch die Steilküste über dem Strand. Auf der Mole wird frisch geräucherter Fisch angeboten.*

Die Mehrzahl der Opfer des verheerenden Bombenangriffs auf Swinemünde wurde auf dem Golm in Massengräbern bestattet. Seriöse Historiker sprechen von 6.000 bis 15.000 Toten, in der Mehrzahl Frauen und Kinder, die auf der Flucht waren. Die bereits zu DDR-Zeiten errichtete Gedenkstätte wird heute von der Kriegsgräberfürsorge betreut.

Die neue Brücke über den Torfgraben verbindet seit 2007 Kamminke wieder mit seinem heute polnischen Nachbarort Friedrichsthal. Mehr als 60 Jahre hatte der Graben die Orte getrennt.
Im Hintergrund ist der Golm zu sehen, mit 69 Metern die größte Erhebung der Insel.

Bereits im Sommer 1944 war auf dem Golm ein Soldatenfriedhof entstanden, auf dem bis zum Kriegsende mehr als 1000 Matrosen und Soldaten ihre letzte Ruhe fanden.

*Das Anklamer Tor in der Stadt Usedom wurde vermutlich um 1450 als Bestandteil der mittelalterlichen Wehranlage gebaut und später auch als Gefangenenturm genutzt.
Heute beherbergt es die Usedomer Heimatstube sowie einen kleinen Saal für Trauungen.*

Blick auf die Stadt Usedom. Die dreischiffige Marienkirche, in der sich auch die Grabplatten des pommerschen Herzogs Ratibor I. und seiner Gemahlin Pribislawa befinden, wurde erstmalig im Jahre 1337 erwähnt.

*Auf dem Usedomer Schlossberg erinnert ein Kreuz an die Christianisierung Pommerns. Der Text auf der Gedenktafel lautet vielsagend: „An dieser Stelle nahmen zu Pfingsten 1128 die Führer der Wenden in Westpommern das Christentum an. Gott will nicht erzwungenen, sondern freiwilligen Dienst."
Otto von Bamberg.*

Das kleine Dörfchen Karnin, am „Strom“ gelegen, ist gegenwärtig wieder stärker in den Focus der Aufmerksamkeit gerückt. Die Karniner Hubbrücke bildete bis zu ihrer Sprengung durch die Wehrmacht am 29. April 1945 die wichtigste Verkehrsanbindung der Insel Usedom zum Festland. Im Nachbarort Zecherin hatte jahrhundertelang eine Fähre die Insel mit dem Festland verbunden. Um 1900 überquerte hier bereits ein an einer Kette laufender Motorpram, der maximal sechs Fuhrwerke gleichzeitig befördern konnte, den Peene-Strom. In den Sommermonaten zog ein Dampfer zwei Prame, mit denen 12 Autos gleichzeitig übersetzen konnten. Am 22. Mai 1931 absolvierte die alte Fähre, festlich geschmückt und unter den Klängen eines Abschiedsliedes, ihre letzte Fahrt. Ihre Aufgabe übernahm nun die Bäderbrücke.

Krummin, an der Krumminer Wiek gelegen, fand im Jahre 1230 erste urkundliche Erwähnung. Sehenswert ist die Krumminer Kirche, ein gotischer Backsteinbau. Sie war seinerzeit die Kirche des Krumminer Zisterzienserinnenklosters. Als Äbtissin des Wolliner Filialklosters fungierte von 1323 bis 1336 Jutta, die Tochter des Herzogs Bogislaw IV. Nach der Reformation wurde die Abtei, die vorrangig der Versorgung unverheirateter Töchter des pommerschen Adels gedient hatte, aufgelöst. Die verbliebenen acht Nonnen erhielten Wohnrecht auf Lebenszeit. Den Dreißigjährigen Krieg überstanden die Gebäude nicht. Die Geschichte der Wolgaster Peene-Brücke ist kurz und wechselhaft. Im Jahre 1934 erbaut, wurde sie 1945 von der abziehenden Wehrmacht gesprengt und im März 1950 als „Brücke der Freundschaft“ wiederum für den Verkehr freigegeben.

Den Bahnhof Karnin passiert seit Jahren kein Zug mehr. In neuerer Zeit gibt es vielfältige Initiativen zum Wiederaufbau der Strecke. Es besteht berechtigte Aussicht auf Erfolg. Die Fahrzeit von Berlin nach Swinemünde würde sich dann von vier auf zwei Stunden verkürzen.

Im Jahre 1933 hatte eine neue, hochmoderne Eisenbahnbrücke über den „Strom“ die alte, handgetriebene Drehbrücke abgelöst. Die Gesamtlänge der Brücke betrug 360, die Länge des Hubgerüsts 51,7 und dessen Höhe 35 Meter. Das Hubgerüst existiert heute als technisches Denkmal, eine Brutkolonie von Turmfalken hatte es seinerzeit vor der Verschrottung bewahrt.

Die Bäderbrücke bei Zecherin, eine Klappbrücke, überspannte seit 1931 im Zuge der Reichsstraße 110 den Peenestrom. Ihre Gesamtlänge beträgt 325 Meter. Im Jahre 1945 sprengte die abziehende Wehrmacht die Brücke. Zehn Jahre später war sie erneut für den Verkehr freigegeben und von 1999 bis 2000 vollständig saniert worden.

Die Suckower Sockeleiche ist mindestens 700 Jahre alt. Sie könnte aber auch 1000 Jahre auf dem Buckel haben. Erste Erwähnung fand die Eiche im Jahre 1298 in einer Urkunde zum Grenzverlauf der Gemarkung Usedom. Der Baum, der auf einem Hügelgrab aus der Bronzezeit steht, ist über 20 Meter hoch, die Krone 30 Meter breit, der Stamm hat einen Umfang von 6,50 Metern.
In neuerer Zeit gefährdet Pilzbefall den Baum, ein großer Ast ist bereits abgebrochen.

Die Kirche in Liepe. Die im Jahre 1216 erstmals erwähnte Kirche St. Johannes ist die älteste urkundlich erwähnte Kirche auf Usedom. Sie verfügt über den einzigen Kanzelaltar auf der Insel. Im Pfarrgarten sind zeitgenössische Skulpturen lokaler Künstler aufgestellt worden.

Die Krumminer Kirche, ein gotischer Backsteinbau, wurde nach der Gründung des Krumminer Zisterzienserinnenklosters um 1302 zur Klosterkirche erweitert. Herzog Bogislaw IV. hatte das Land Krummin und die Kirche seiner damals zehnjährigen, gottgeweihten Tochter Jutta und den übrigen Nonnen des Zisterziensernonnenklosters Wollin gestiftet.

Eine in den Jahren 1994 bis 1996 gebaute kombinierte Schienen- und Straßenbrücke – auch „Blaues Wunder“ genannt – überspannt zwischen Mahlzow und der alten Herzogsstadt Wolgast den Peenestrom.

Wenn sie für den Schiffsverkehr geöffnet wird, staut sich der Verkehr auf der Straße.

Im Jahre 1996 erfolgte ihr Rückbau, denn direkt neben der alten Brücke erstrahlte die neue, das „Blaue Wunder“. Etwas weiter nördlich liegt Peenemünde, ein bis in die 1930er Jahre unbekanntes Fischerdorf. Lediglich der Gedenkstein für den Schwedenkönig Gustav-Adolf, der hier im Jahre 1630 mit einer 15.000 Mann starken Streitmacht angelandet war, um in den Dreißigjährigen Krieg einzugreifen und die alte Schanze am Peeneufer waren für Historiker von Interesse. Heute gehört Peenemünde zu den bekanntesten Orten auf Usedom, allein im Jahre 2011 kamen circa 700.000 Besucher. Während der NS-Zeit arbeiteten in der Peenemünde Heeresversuchsanstalt 1500 Wissenschaftler, darunter 36 namhafte Professoren, 8000 Facharbeiter und bis zu 16000 Zwangsarbeiter, in der Mehrzahl Insassen des KZ Trassenmoor in Trassenheide. Als Technischer Direktor der Heeresversuchsanstalt fungierte Wernher v. Braun. An das Schicksal der KZ-Häftlinge sowie an die 2000 Opfer der Bombenangriffe der britischen Luftwaffe von 1943 und 1944 auf Peenemünde und Karlshagen, bei denen auch hunderte Zwangsarbeiter ums Leben kamen, erinnert die zwischen Trassenheide und Karlshagen gelegene Mahn- und Gedenkstätte. Auf Besucher warten in Peenemünde auch das ausgediente U-Boot U-461 der Baltischen Rotbannerflotte, ein Spielzeugmuseum sowie die „Phänomenta“, eine interaktive Ausstellung, die den Besuchern Alltagsphänomene der Physik spielerisch nahe bringen will.

Vor dem Historisch-Technischen Museum in Peenemünde ist die Nachbildung einer V2-Rakete („Vergeltungswaffe 2“, auch „Aggregat 4“, A4 oder „Wunderwaffe“ genannt) aufgestellt worden. Die weltweit erste, ferngesteuerte und voll funktionsfähige Großrakete, die bereits die Grenze zum Weltraum durchstieß, kam in den Jahren 1944/45 in großer Zahl zum Einsatz. Sie bestand aus etwa 20.000 Einzelteilen, war 14 Meter hoch und hatte eine Masse von 13,5 Tonnen.

Blick auf Peenemünde.
Im dem ehemaligen Kohlestaubkraftwerk (links) befindet sich das Historisch-Technische Museum, das der Geschichte der „Heeresversuchsanstalt Peenemünde" und der Erprobungsstelle der Luftwaffe „Peenemünde-West" gewidmet ist.
Das Museum stellt eine Attraktion von internationalem Rang dar.

SWINEMÜNDE

STADT MIT PREUSSISCH-DEUTSCHER VERGANGENHEIT, POLNISCHER GEGENWART UND EUROPÄISCHER ZUKUNFT

Swinemünde gehört heute zu den beliebtesten Bädern an der Ostseeküste. Schon 1824 wurde die erste offizielle Badesaison eines pommerschen Ostseebades eröffnet.

Um 1900 war Swinemünde schon Primus unter den deutschen Ostseebädern. Nicht selten weilten hier gekrönte Häupter, so Kaiser Wilhelm II., der österreichische Kaiser Franz Joseph I., die russischen Zaren Nikolaus I. und Nicolaus II. sowie die Könige von Preußen, Portugal, Dänemark und Sachsen.

Im Jahre 1945 ging die bedeutendste Ansiedlung auf der Insel, die ehemalige Kreisstadt des Kreises Usedom-Wollin, Swinemünde, in polnischen Besitz über. Erst drei Jahrzehnte später konnten DDR-Bürger und Polen die Grenze zwischen Swinemünde und Ahlbeck passieren. Und noch bis zum Jahre 2007 zwang am Strand zwischen Ahlbeck und Swinemünde ein hoher, mit einem Warnschild versehener, bis in die See reichender Zaun, Wanderer und Strandläufer zur Umkehr. Die Eisenbahnverbindung zwischen den Nachbarbädern wurde im Jahre 2008 wieder aufgenommen und seit 2011 führt eine über 12 Kilometer lange Promenade von Bansin über Heringsdorf und Ahlbeck bis nach Swinemünde. Bewohner beider Länder warten jetzt auf die Wiederherstellung der Eisenbahnstrecke zwischen Berlin und Swinemünde. Die Gäste Swinemündes kommen nicht nur wegen des wohl schönsten und breitesten Strandes der Insel Usedom, wegen des Grenzmarktes, den die Deutschen Polenmarkt und die Polen Deutschenmarkt nennen oder wegen des Kurviertels mit seinen gemütlichen Gaststätten und gastlichen Hotels, sondern auch wegen der Sehenswürdigkeiten der Stadt. In den Fokus der Aufmerksamkeit rücken wieder die früheren preußischen Festungen, die Molen, die einst wie ein Weltwunder bestaunt wurden, der Leuchtturm, der an der Ostsee seinesgleichen sucht, das Rathaus und die Kirchen.

Literaturkenner folgen eher den Spuren Theodor Fontanes, dessen Vater im Jahre 1827 die Adler-Apotheke am Kleinen Markt erworben hatte. In Fontanes weltbekanntem, mehrfach verfilmten Roman „Effi Briest“ taucht Swinemünde als Kessin auf. Fontane setzte mit seinem Roman „Meine Kinderjahre“ der Stadt ein weiteres literarisches Denkmal.

☛ *Die Hafeneinfahrt von Swinemünde. Die Molen schützen den Hafen vor der Versandung. Sie wurden in der Preußenzeit zwischen 1818 und 1823 erbaut. Die Ostmole hat eine Länge von 1400 Metern, die Westmole misst 1100 Meter. Der Strand neben der Westmole ist stetig angewachsen, so dass sie heute wesentlich kürzer erscheint.*

Die Swinemündung aus der Vogelperspektive gesehen. Im Vordergrund: Die Heidefahrt, ein blinder Arm der alten Swine. Darüber befinden sich die Mellinfahrt und der Große Mellin, eine Insel in der Swinemündung. Wenige Kilometer nördlich ergießt sich der Swine-Strom in die Ostsee.

Auf der Spitze der Swinemünder Westmole befindet sich die 11 Meter hohe Mühlenbake (Stawa-Mlyny). Sie wurde im 1877 erbaut und ist zugleich Seezeichen, Wahrzeichen der Stadt und eines der beliebtesten Ausflugsziele für Einwohner und Touristen. Vor mehr als 100 Jahren hatte Lyonel Feininger die Mühlenbake als Motiv für seine Skizzen gewählt. Bei bewegter See empfiehlt es sich, den Spaziergang auf der Westmole barfuß zu absolvieren.

Blick auf den Swinemünder Hafen.
Am Westufer der Swine (Świna) befinden sich mit der Grünen Fläche (Półwysep Zieliny) und dem Eichstaden (Półwysep Kosa) zwei für den Besucherverkehr gesperrte Inseln (Swinemünde ist auch heute noch Garnisonsstadt), die durch einen Damm mit der Stadt verbunden wurden. Der Eichstaden (ca.12, 5 ha, benannt nach dem Bauinspektor Eich) war früher eine Untiefe im Mittelgrund der Swine, die um 1893 durch Baggererde zur künstlichen Insel aufgeschüttet wurde. Die Insel war zum Schutz des Winterhafens angelegt worden. Die Grüne Fläche (20 Hektar) befestigte man in den Jahren 1826-1827 und 1849-1855 durch Packwerk und Bohlen. Werften und Bootshäuser fanden hier ihren Platz, während sich auf dem Eichstaden Kräne und andere Hafenanlagen befanden. Rechts oben ist das im Bau befindliche Gasterminal zu sehen.

☛ *Beim Bau der Kaiserfahrt war außer Kaseburg eine weitere Insel entstanden: Der annähernd 1000 Meter lange Große Mellin. Die unbewohnte, den Kormoranen vorbehaltene Insel, wird im Westen von der Mellinfahrt und im Osten von der Alten Swine begrenzt.*

Die Einwohner Swinemündes besiedeln heute drei Inseln. Wer die Swinemünder Ortsteile Ostswine, Osternothafen, Klüß (Klicz), Werder (Ognica), Pritter (Przytór) und Haferhost (Przytór Lunowo) besuchen will, muss zur Insel Wollin übersetzen. In Ostswine befinden sich neben der Anlegestelle der Stadtfähre auch der Swinemünder Busbahnhof, der Bahnhof der Polnischen Staatsbahn und das Fährterminal. Von hier aus kann man mit dem Stadtbus die Insel Kaseburg und das Dörfchen Pritter erreichen. Pritter, an der Großen Beek (auch „der Strom" genannt) gelegen, ist vor allem durch seine Kirche, einen kleinen Hafen und den recht einsamen, etwa drei Kilometer entfernten Ostseestrand von Interesse.

Gegründet wurde Swinemünde durch den Preußenkönig Friedrich II. Er hatte einen Zugang zum Meer gesucht, weil er im Außenhandel ein probates Mittel zur Aufstockung seiner Goldreserven sah. Zwar gehörten Stettin und die Inseln Usedom-Wollin seit 1720 zu Preußen, die Peene, der einzige schiffbare Mündungsarm der Oder, war jedoch in schwedischer Hand und im schwedischen Wolgast wurden für jedes preußische Schiff Zollgebühren fällig. Im Jahre 1740, dem Jahr des Regierungsantritts Friedrichs des Großen, begann man ernsthaft damit, den Swinestrom schiffbar zu machen. Bereits drei Jahre später schlug die Pommersche Kammer in Stettin, die für den Ausbau des Hafens die Verantwortung trug, vor, weitere Gewerbe anzusiedeln, um an der Swine eine Stadt zu gründen. Die Siedler wurden mit unentgeltlichem Baugrund sowie Bauholz, einer sechsjährigen Steuerfreiheit und der Freistellung vom gefürchteten preußischen Militärdienst gelockt. Friedrichs Plan ging auf: Im Jahre 1754 hatten bereits 85 Bauherren, 50 Prozent waren Ausländer, ihr neues Heim errichtet. 1777 zählte man 264 baugleiche Häuser. Die Stadt Swinemünde wurde schließlich am 22. April 1765 aus der Taufe gehoben. Als Gründungsurkunde gilt der von Friedrich II. verfasste Swinemünder Stadtbrief. Dreh- und Angelpunkt des Lebens in der Stadt bildete der Umschlaghafen, der so viel Arbeit bot, dass jeder Bewohner sein Auskommen hatte. Nach der Vertiefung der Fahrrinne durch die Swine und das Stettiner Haff auf 14 Fuß konnten Frachtschiffe, die hier früher geleichtert oder auch ganz ausgeladen wurden, ungehindert bis nach Stettin fahren. Swinemünde war nun vollends zum Vorhafen Stettins geworden.

☛ *Die Kaiserfahrt vom Stettiner Haff aus gesehen. Der 5,1 Kilometer lange, 80 Meter breite und 9 Meter tiefe Durchstich von der Alten Swine zum Stettiner Haff war nach sechsjähriger Bauzeit im Jahre 1880 fertig gestellt worden. Die Kosten des insgesamt 9,3 Kilometer langen Kanals – 5,1 Kilometer entfielen auf den Durchstich und 4,2 Kilometer auf die Beseitigung von Untiefen – beliefen sich auf 3,5 Millionen Mark. Stettin war durch die Vervollkommnung seines Vorhafens Swinemünde zum bedeutendsten Hafen an der deutschen Ostseeküste geworden und hatte diesen Status bis zum Jahre 1945 inne.*

STRAŻAK-25
567 03
STRAŻAK-25

☚ *Eisschollen aus der Oder bzw. aus dem Stettiner Haff treiben hinaus auf die Ostsee. Eisgang ist auf der Swine keineswegs selten. Im Hintergrund: Der Kontrollturm des Schifffahrtsamtes Świnoujście.*

☛ *Der Swinemünder Leuchtturm, erbaut in den Jahren 1854 bis 1857, ist mit einer Höhe von 68 Metern auch heute noch der Primus an der Ostseeküste. Ursprünglich achteckig, erhielt er in den Jahren 1901-1903 durch einen neuen Mantel aus Klinkern seine heutige runde Form. Während beider Kriege war am Turm eine Sprengladung angebracht, die ihn bei einer Invasion in den Swinestrom schleudern sollte, um diesen für die Schifffahrt unpassierbar zu machen.*

Seebad Swinemünde und Umgebung aus der Vogelschau gesehen.

Auf der Ansichtskarte aus den 1920er Jahren sind die Swinemündung sowie der nordöstliche Teil der Insel Usedom abgebildet.

Exakt 100 Jahre alt ist das am Strand von Swinemünde photografierte Gruppenbild.
Aufgenommen wurde es vom Fotografen Cossel, dessen Atelier sich in der Villa Albrecht (Friedrichstraße) befand. Gut „behütet“, die Frauen in langen Röcken, die Männer mit Binder oder Fliege, die Jungen im Matrosenlook, so ließ man sich für ein Erinnerungsfoto ablichten.
Im Hintergrund sind der alte Musikpavillon und das Kurhaus zu sehen.

Das Swinemünder Kurhaus bildete das gesellschaftliche Zentrum des Kurviertels. Es bot alles, was das Herz des Badegastes begehrte: Einen herrlichen schattigen Kurhaus-Restaurationsgarten, geschützte Terrassen mit Seeaussicht, eine Tanzfläche im Freien, drei erstklassige Kapellen, eine Tanzbar sowie ein Bier- und Weinrestaurant. Entlang der Herrenbadstraße erwarteten die Kolonnaden, ein Wandelgang mit 16 Verkaufsläden, ihre Kunden. Im Kurgarten befand sich zudem eine Saline, deren Sole sowohl für Trinkkuren als für Badekuren genutzt wurde. Leider brannte das Kurhaus während des Krieges aus nie geklärter Ursache ab.

Swinemünde
12

Seebad Swinemünde.
Kurhaus.

Swinemünde.
S. M. Yacht „Hohenzollern“ am Roten Feuerturm der Ostmole
läuft in den Hafen ein.

Panzerschiff „Lützow“

Seiner Majestät Yacht Hohenzollern (4.180 Tonnen, etwa 350 Mann Besatzung, Länge 122 Meter) war das zweite Schiff mit diesem Namen. Erbaut wurde es auf der Vulcan-Werft in Stettin. Die Yacht gehörte zur Kaiserlichen Marine, die sie als Aviso (ein kleines, schnelles Kriegsschiff) in ihrer Liste der Kriegsschiffe führte. Die Hohenzollern diente von 1893 bis 1918 dem deutschen Kaiser Wilhelm II. als Staatsyacht für repräsentative Zwecke. Zwischen 1892 und 1913 lag das Schiff anlässlich der Flottenmanöver jährlich für einige Tage am Kaiserbollwerk in Swinemünde.

Der schwere Kreuzer Lützow (10.660 Tonnen, etwa 1.000 Mann Besatzung, Baukosten 80.000.000 Mark) war 1931 in Kiel vom Stapel gelaufen und vom Reichspräsidenten Hindenburg auf den Namen Deutschland getauft worden. Die Indienststellung erfolgte 1933. Am 23. März 1939 schiffte sich Adolf Hitler in Swinemünde auf der Deutschland ein, um das Memelland „Heim ins Reich" zu holen. Im gleichen Jahr erhielt der Kreuzer den Namen Lützow. 1945 lag die Lützow in der Swinemünder Kaiserfahrt und griff mit ihren weittragenden Geschützen um Stettin ein. Am 16. April 1945 wurde der Kreuzer von britischen Bombern angegriffen und beschädigt. 1947 versenkte die Rote Armee das Schiff in der Ostsee vor Swinemünde.

Die Swinemünder Kaiser-Friedrich-Brücke um 1900. Die sehr schöne 1898 mit großem finanziellen Aufwand errichtete Seebrücke wurde bereits nach zwei Jahrzehnten wieder abgetragen, übrig blieb ein Seesteg ohne Gebäude. Die Stadt hatte ja einen Hafen, da benötigte man keinen weit in die See ragenden Anleger für die Ausflugsdampfer.

TUTAJ, W LATACH 1827-1832
MIESZKAŁ WYBITNY NIEMIECKI
PISARZ I POETA
THEODOR
1819 - 1898

Swinemünde hat eine schöne und recht lange Promenade, die gesäumt wird von zahlreichen Villen der Bäderarchitektur. Im August 2011 wurde die Lücke zur Ahlbecker Promenade geschlossen, so dass zwischen Swinemünde und Bansin „die längste Flaniermeile Europas“ entstanden ist. Sie misst nicht weniger als 12 Kilometer. Im Osten der Swinemünder Promenade sind in jüngster Zeit auf der Düne mehrere Reihen attraktiver Häuser entstanden. Eine solche Bebauung, die in keinem Nachbarort zu finden ist, wurde durch die stetige Verbreiterung des hiesigen Strandes möglich. Während der Strand vor 70 Jahren bereits unmittelbar nördlich der Promenade begann, hat er sich seitdem um mehrere hundert Meter in Richtung Nord verlagert.

Das Sanatorium „Energetyk“ liegt unmittelbar an der Swinemünder Strandpromenade. Bis zum Ende der 1930er Jahre empfing es als „Hotel Atlantik“ seine Gäste. Besitzer des attraktiven Hauses, das über 52 Zimmer verfügte, war zu dieser Zeit Wilhelm von Hannecken. Zu Beginn des 20. Jahrhunderts trug das Hotel den Namen „Schloss Hohenzollern“.

Diese Gedenktafel für Theodor Fontane befindet sich am Kleinen Markt in Swinemünde. Der Vater Theodor Fontanes war von 1827 bis 1832 Besitzer der Adler-Apotheke, die sich an dieser Stelle befand. In seinem Buch „Meine Kinderjahre“ beschreibt Theodor Fontane seine Kindheit in Swinemünde und auf der geliebten Insel Usedom sehr eindrucksvoll. Dass Fontanes „Effi Briest“ im Haus des Landrates Flemming spielt und Hauptmann Crampas seine Wohnung gegenüber im Haus des Bürgermeisters hatte, ist den in der Literatur Bewanderten wohl bekannt.

30

☛ *Das kleine, nach Swinemünde eingemeindete Dorf Pritter, hat eine recht große neugotische Kirche mit einem 40 Meter hohen Turm. Die alte Kirche war lange Zeit turmlos. Ihn hatten die Einwohner wegen seines schlechten Zustandes niedergerissen. Um einen neuen Turm zu bauen, ließen sie starke Eichenbalken anfahren. Schließlich fiel ihnen ein, dass der Bau des Turmes Sache der Regierung sei. Die reagierte schnell: „Wer hat Euch ermächtigt, den Turm abzureißen? Habt Ihr ihn entfernt, so baut ihn auch wieder auf!" Nach und nach wurde das Bauholz verschachert. Von dem Erlös machten sich die Pritterschen einen lustigen Tag. Hundert Jahre blieb die Kirche ohne Turm und in der Umgebung hieß es: „Die Pritterschen haben ihren Kirchturm versoffen". Im Jahre 1895 ersetzte man schließlich das alte Gotteshaus durch das heutige.*

☛ *Der Turm der in den Jahren 1905-1906 im Stile der Frühgotik erbauten Swinemünder Lutherkirche. Die Konsulin Heyse, eine der reichsten Bewohnerinnen der Stadt, hatte der Stadt und der evangelischen Kirchengemeinde 1.109.937,01 Mark als eisernes, unantastbares Kapital hinterlassen. Die Zinsen sollten u. a. zum Bau eines Waisenhauses und einer neuen Kirche verwendet werden. Entworfen wurde das neue Gotteshaus vom Berliner Architekten Fritz Gottlieb. Die Vorhalle der Kirche, die über 1000 Sitzplätze verfügte, schmückte eine Bronzestatue Martin Luthers, ihr Turm hatte eine Höhe von 67 Metern. Durch einen Luftangriff war das Dach der Kirche 1945 leicht beschädigt worden. Im Verlaufe der Jahre verfiel das Gotteshaus. 1962 wurde das Kirchenschiff abgetragen, 1971 die Turmspitze. Heute dient der restaurierte Torso als Aussichtsturm und als Café.*

CAFE

☚ *Die Festung „Engelsburg“ (Fort „Zamek Aniola“), am linken Ufer der Swine gelegen, gehört ebenso wie die anderen beiden ehemaligen Festungen, die Ostbatterie und die Westbatterie, zu den Sehenswürdigkeiten Swinemündes. Sie hat diesen Namen erhalten, weil sie dem gleichnamigen Mausoleum des Kaisers Hadrian ähnelt. Angelegt wurde die Festung, die früher von einem Wassergraben umgeben war, nach dem Schema einer Redoute.*
Das monumentale Bauwerk – erbaut von 1845 bis 1858 – besitzt auf drei Etagen 24 Schießscharten für Kanonen. Die Engelsburg diente vorwiegend dem militärischen Schutz der Stadt und des Hinterlandes.

☟ *Das Swinemünder Rathaus wurde in den Jahren 1805/1806 erbaut.*
Im Jahre 1895 stellte man vor dem Rathaus ein Denkmal für Kaiser Wilhelm I. auf. Später diente das Gebäude als Heimatmuseum und als Sparkasse. Heute beherbergt es das Museum für Hochseefischerei. Im Dachgeschoss erwartet eine Ausstellung zur deutschen Geschichte der Stadt ihre Besucher.

Die Gründung eines Ostseebades erwies sich als Volltreffer. Bereits im Jahre 1824 konnte in Swinemünde die erste offizielle Badesaison eines pommerschen Ostseebades eröffnet werden. Unterstützung kam nicht nur aus Stettin, sondern auch vom preußischen König. Insgesamt hat Friedrich Wilhelm III. sein erstes preußisches Bad mit 11.400 Talern gefördert, ein für das neue Ostseebad überlebenswichtiger Betrag. Ab 1880 entstanden mehr als 300 Villen. Das heute zum Schatz der Bäderarchitektur zählende Villenviertel „Swinemünde-Strand" bzw. „Swinemünde-Bad" macht einen Großteil des Swinemünder Charmes aus. Als „Sahnehäubchen" war unmittelbar an der Promenade, vis à vis vom Musikpavillon, das neue Konversationshaus errichtet worden, das in den Jahren 1909/10 zum städtischen Kurhaus umgestaltet wurde. Es bildete das gesellschaftliche Zentrum des Kurviertels, bot es doch alles, was das Herz des Badegastes begehrte: Einen herrlichen schattigen Kurhaus-Restaurationsgarten, geschützte Terrassen mit Seeaussicht, eine Tanzfläche im Freien, drei erstklassige Kapellen, eine Tanzbar sowie ein Bier- und ein Weinrestaurant. Entlang der Herrenbadstraße erwarteten die Kolonnaden, ein Wandelgang mit 16 Verkaufsläden, ihre Kunden. Im Kurgarten befand sich zudem eine Saline, deren Sole sowohl bei Trinkkuren als auch für Badekuren genutzt wurde. Die Gäste nahmen das Angebot an. Für die in Ahlbeck geborene bekannte Publizistin Carola Stern (sie hatte die Fontane-Schule in Swinemünde besucht), Mitbegründerin und lange Zeit Vorsitzende der deutschen Sektion von Amnesty International, war Swinemünde „der Inbegriff von Welt". Die Stadt sei als See- und Solbad eleganter als Heringsdorf und Bansin, würde als Hafen in einem Atemzug mit Pillau oder Kiel genannt, sei Flottenstützpunkt und Standort hoher Offiziere. Eine trügerische Idylle, wie sich bald zeigen sollte! Ferneres Kriegsgetümmel, etwa der amerikanische Unabhängigkeitskrieg, der Krimkrieg oder der Englisch-Französische Krieg bescherten dem Hafen jeweils eine kurze Zeit der Blüte. Die großen Kriege des zwanzigsten Jahrhunderts jedoch trafen das Ostseebad, gleichzeitig Flottenstützpunkt, Festung und Garnisonsstadt, in voller Härte.

Der schwärzeste Tag in der Geschichte der Stadt ist zweifellos der 12. März 1945. An jenem trüben Montag griffen hunderte schwere Bomber der 8. US Luftflotte, begleitet durch eine Armada von Jagdflugzeugen, die Stadt an. Annähernd zweitausend Tonnen Bomben ließen das Hafengebiet, Teile des Kurviertels und einen Großteil der mit Flüchtlingen angefüllten Altstadt in Schutt und Asche fallen. Sechs Flüchtlingstransporter, die kurz zuvor Swinemünde angelaufen hatten, sanken in der Swine. Schätzungen sprechen von einer fünfstelligen Opferzahl. Die Einwohner mussten in der Folgezeit ihre Stadt verlassen. Schließlich durften nur noch jene Deutschen in ihrer alten Heimat bleiben, die eine polnische Abstammung nachweisen konnten, für alle anderen erfolgte die „geordnete Repatriierung".

Siebzig Jahre später, im Jahre 2015, werden alte und neue Bewohner Swinemündes, gemeinsam mit Gästen den 250. Geburtstag ihrer Stadt feiern, die heute über 40.000 Einwohner hat und mit mehr als einer Million Übernachtungen zu den beliebtesten Ostseebädern an der polnischen Ostseeküste zählt.

LITERATURVERZEICHNIS

Burkhardt, Robert: Geschichte des Hafens und der Stadt Swinemünde, I. Teil. W. Fritsche, Swinemünde 1920
Burkhardt, Robert: Geschichte des Hafens und der Stadt Swinemünde, II. Teil. W. Fritsche, Swinemünde 1931
Burkhardt, Robert: Festschrift zum 100-jährigen Jubiläum des See- und Solbades Swinemünde. W. Fritsche, Swinemünde 1924
Eggers, Hans Jürgen: Vineta. In: Pommersche Zeitung, Folge 47/09, 21. Travemünde, November 2009
Fontane, Theodor: Der Große und Kleine Tornow-See. In: Wanderungen durch die Mark Brandenburg in 8 Bänden. Band 2 Oderland. Gotthard Erler, Rudolf Mingau (Hrsg.), Aufbau-Verlag, Berlin 1997
Fontane, Theodor: Meine Kinderjahre. In: Fontanes Werke in 5 Bänden. Aufbau-Verlag, Berlin und Weimar 1986
Gadebusch, Wilhelm, Friedrich: Chronik der Insel Usedom. Berlin und Wriezen 1863
Griebens Reiseführer. Band 55. Die Ostsee–Bäder. Berlin 1912/13
Hormann, Werner: Usedom. Güstrow 2003
Kind, Richard: Das Seebad zu Swinemünde. Stettin 1828
Ranft, Max: Die Insel Wollin und das Seebad Misdroy. Misdroy 1901
Raumer v., Wilhelm (Hrsg.): Die Insel Wollin und das Seebad Misdroy. Berlin 1851
Rolfs, Peter August (Hrsg.): Die Insel Wollin: Ein Heimatbuch und Reiseführer Langensalza, Julius Beltz, 1933. Ein Nachdruck erfolgte jeweils 1984, 1991 und 1993 in Husum
Rosenthal, Erwin: See- und Solbad Swinemünde. Ilmenau 2009
Rosenthal, Erwin: Seebad Misdroy. Die Entwicklung eines Badeortes. Ilmenau 2010
Rosenthal, Erwin: Die Insel Wollin. Ilmenau 2011
Schleich, Carl Ludwig: Es läuten die Glocken - Phantasien über den Sinn des Lebens. Berlin 1931
Schleich, Carl Ludwig: Besonnte Vergangenheit. Leipzig 1977
Schätze der pommerschen Archive. Kraków, Szczecin, Greifswald 2012
Schleifer, K. / Seefeldt, F.: Chronik des Ostseebades Misdroy. Eutin 1968
Schleinert, Dirk: Die Geschichte der Insel Usedom. Hinstorff Verlag Rostock 2008
Stark, Walter: Zur Geschichte Pommerns. In: Wissenswertes über Vorpommern. Kiebu-Druck, Greifswald 1997
Zöllner, August: Ostseebad Misdroy im Wandel der Zeiten. Gollnow. i. P. 1931
Ziemer, Paul: Vor und nach der Russen-Besetzung. In: Chronik des Ostseebades Misdroy. Eutin 1968

DER AUTOR

Erwin Rosenthal wurde 1939 in Swinemünde geboren. Einige Jahre seiner Kindheit verlebte er im heute zu Misdroy gehörenden Ort Kalkofen auf der Insel Wollin. Dem Schulbesuch in Seebad Heringsdorf schloss sich der Besuch des Instituts für Lehrerbildung in Franzburg (Kreis Stralsund) an. Es folgten das Studium der Physik an der Pädagogischen Hochschule Güstrow und ein Philosophiestudium (Diplom-Philosoph) an der Universität Greifswald. Nach einer mehrjährigen Tätigkeit als Lehrer in den Usedomer Ostseebädern Ückeritz und Heringsdorf arbeitete er von 1972 bis 2000 an der Ernst-Moritz-Arndt-Universität Greifswald (Promotion, Habilitation, Berufung zum Hochschullehrer). Sein Forschungsgebiet bildeten philosophische Probleme der Naturwissenschaften. Heute hat sich Erwin Rosenthal der Geschichte seiner Heimat verschrieben. Er ist Autor und Bildautor von Bildbänden über Swinemünde (2009), Misdroy (2010) und die Insel Wollin (2011) sowie Mitautor des Buches „Der Golm und die Tragödie von Swinemünde" (2010). Seit frühester Jugend ist neben dem Schreiben das Fotografieren sein Steckenpferd. Als Webmaster betreut er Internetauftritte über Swinemünde (swinemuende.eu), die Inseln Usedom-Wollin (usedom-wollin.eu) und die Insel Rügen (die-insel-ruegen.eu).

Usedom – Wollin erleben mit

Verlagsgruppe *grünes herz*®

978-3-929993-37-0

978-3-929993-38-7

978-3-935621-49-6

978-3-939399-13-1

978-3-939399-10-0

978-3-939399-11-7

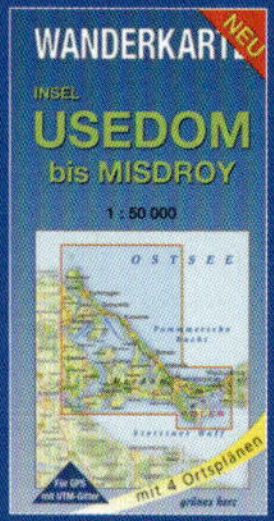

978-3-86636-033-4

978-3-86636-054-9

978-3-86636-081-5

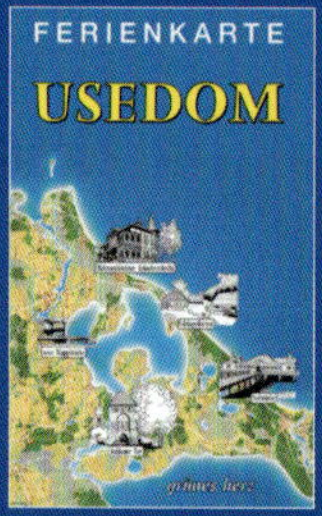

978-3-935621-66-3

978-3-939399-12-4

978-3-939399-14-8

978-3-939399-15-5

978-3-939399-09-4

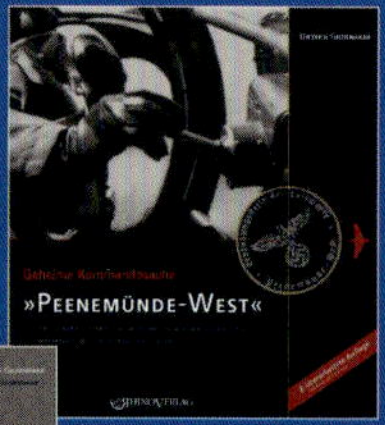

978-3-939399-47-6

978-3-910150-10-2

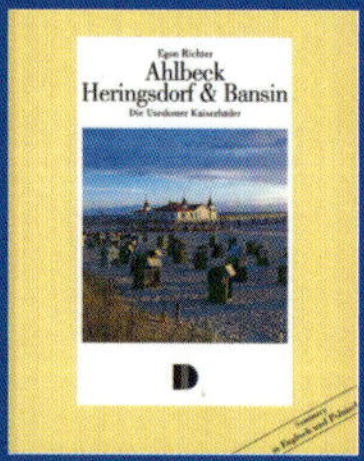

978-3-910150-39-3

978-3-910150-46-1

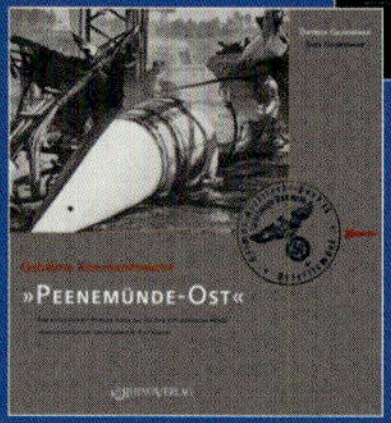

978-3-939399-46-9

www.vggh.de

Verlag *grünes herz*® Dr. Lutz Gebhardt & Söhne GmbH & Co. KG
RHINOVERLAG Dr. Lutz Gebhardt & Söhne GmbH & Co. KG
DEMMLER VERLAG GmbH
Telefon: 03677 / 46628-0 • Fax: 03677 / 46628-80 • info@gruenes-herz.de • info@rhinoverlag.de • info@demmlerverlag.de

Peenemünde
Seeb.
Freesendf.
Spandowerhagen
Lubmin
Freest
Nonnendorf
Gaatz
Wusterhusen
Cröslin
Carlshagen
Rubenow
Gustebin
Hollendf.
Carrin
Conerow
Trassenheide
Sandhf.
Gr.Ernsthf.
Mölschow
Spiegelsdf.
Zinnowitz
Weideh.
Zecherin
Bannemin
Zempin
Netzeband
WOLGAST
Koserow
Katzow
Schallense
Krummin
Kölpinsee
Neeberg
Neuendorf
Prizier
Sauzin
Stubbenfelde
Ziemitz
Netzelkow
Lütow
Ueckeritz
Zarnitz
Milchhorst
Seckeritz
Hohensee
Alt Bauer
Reestow
Langenber
Meierei
Zemitz
Wehrland
Grüssow
Carlsbg.
Waschow
Liene
Steinfurth
Wahlendorf
Kl. Jasedow
Pudagla
Glaubens B.
Buggow
Pulow
LASSAN
Dewichow
Pamitz
Römitz
Balm
Stoben
Victoria
Gothen
Rubkow
Kreide Bg.
Karlsruh
Bunzow
Buggenhag.
Sechahn B.
Nepperm
Mellenthin
Ramitzow
Zarrentin
Lentschow
Krakow
Dargzin
Jamitzow
Morgenitz
Suckow
Katschow
Ulrichshorst
Salchow
Gerichts B.
Lienow
Pinnow
Gr.Polzin
Murchin
Klotzow
Kachlin
Zirchow
Zichen
Görke
Menzlin
Relzow
Johannishof
USEDOM
Pratchow
Dargen
Bossin
Kurzow
Gammlin
Neuhof
Peene damm
Gnewenthin
Gellenthin
Stolpe
ANKLAM
Zecherin
Regelzow
Used See
Welzin
Görke
Gnewezin
Carnin
Mönchow
Usrklüne
Butzow
Bargischow
Camp
STETT
Gellendin
Lüskow
Pelsin
Eichenfelde
Rosenhagen
Neu-
Kagendf.
Alt-Teterin
Kosenow
F. Morkerhorst
Streckensee
Bugenitz
Kühlerort
Rossin
Busow
Leopoldshagen
Charlottenhof